Gulliver Taschenbuch 761

Arnulf Zitelmann, geboren 1929, studierte Philosophie und Theologie und lebt heute als freier Schriftsteller in der Nähe von Darmstadt. Im Programm Beltz & Gelberg erschienen zahlreiche Romane für Kinder und Jugendliche, die sich mit historischen Themen und Schicksalen befassen – dies stets auf dem neuesten Stand der Forschung. In der Reihe Biographie veröffentlichte er *»Widerrufen kann ich nicht«. Die Lebensgeschichte des Martin Luther, »Ich will donnern über sie!«. Die Lebensgeschichte des Thomas Müntzer, Nur daß ich ein Mensch sei. Die Lebensgeschichte des Immanuel Kant* sowie den vorliegenden Band. Für sein literarisches Gesamtwerk wurde Arnulf Zitelmann mit dem Friedrich-Bödecker-Preis und dem Großen Preis der Deutschen Akademie für Kinder- und Jugendliteratur ausgezeichnet.

Arnulf Zitelmann

»Keiner dreht mich um«

Die Lebensgeschichte
des Martin Luther King

BELTZ
& Gelberg

»Keiner dreht mich um«. Die Lebensgeschichte des Martin Luther King
stand auf der Auswahlliste zum Deutschen Jugendliteraturpreis.

Dieses Buch ist auf Papier aus
chlorfrei hergestelltem Zellstoff gedruckt.

Gulliver Taschenbuch 761

Programm Beltz & Gelberg, Weinheim

Reihenkonzeption und Einband von Max Bartholl
unter Verwendung eines Fotos von
Flip Schulke/Black Star/Das Fotoarchiv
Die Landkarte auf S. 107 zeichnete Arno Görlach
Gesamtherstellung Druckhaus Beltz, 69494 Hemsbach
Printed in Germany
ISBN 3 407 78761 8
2 3 4 5   01 00 99

Inhalt

Im Dezember 1957 durchquerte Martin Luther King die Flughafenhalle von Atlanta, Georgia. King und sein weißer Begleiter, Harris Wofford, der spätere Kennedyberater für den Internationalen Friedensdienst, strebten auf die Toilettenanlagen zu und betraten den mit »Herren« ausgeschilderten Raum. Der schwarze Bedienstete tippte dem Negerpastor auf die Schulter und monierte: »Hier ist kein Zutritt für Farbige!« King ließ sich bei seinem Geschäft nicht stören. »Auf der anderen Hallenseite ist der Raum für Farbige«, belehrte ihn der Aufseher. King zog seinen Reißverschluß hoch, drehte sich um und fragte: »Sagen Sie bloß, daß Sie jedesmal, wenn Sie müssen, hier rausgehen und auf die andere Hallenseite laufen?« Der schwarze Toilettenmann nickte: »Yes, Sir, da gehören die Farbigen hin.« Martin Luther King verließ mit Wofford den Raum und bemerkte: »Vor dem Busstreik verhielten sich die meisten Neger von Montgomery genauso.«
Ein Jahrzehnt nach jenem Dezembertag geht es Martin Luther King nicht mehr nur um die Eingliederung der Schwarzamerikaner in die weiße Gesellschaft. Er hat seine Ziele inzwischen weiter gesteckt, sieht sich als »Trommler im Spielmannszug« für Gerechtigkeit, Frieden und Wahrhaftigkeit marschieren. »Die Pläne der Neger reichen über das Rassenproblem hinaus und befassen sich mit wirtschaftlicher Ungleichheit, wo immer sie anzutreffen ist«, formuliert er jetzt. Im Dezember 1967 befindet er sich mitten in den Planungsvorbereitungen für seine »Stadt der Armen«, die aus Kistenbrettern, zusammengestoppelten Blechkanistern und Kartons mitten im Regierungsviertel von Washington entstehen soll. King hat sie als integrierte Stadt geplant, in der Indianer, Neger, Weiße und Mexikaner aus allen Landesteilen hausen sollen, um der reichsten Nation das Elend ihrer vierzig Millionen Armen vor Augen zu führen. Der Negerpastor wollte mit ihnen in der Müllstadt leben. Ihre ersten Bewohner sollten im April 1968 auf den Grünflächen zwischen den Ministerien und dem Weißen Haus Quartier errichten.

Bevor sich der »Marsch der Armen« in Bewegung setzen konnte, wurde Martin Luther King erschossen. Ein paar Wochen vor seiner Ermordung erklärte er in der Ebenezer-Kirche von Atlanta: »Ich werde kein Geld hinterlassen. Ich werde keinen Aufwand und Luxus hinterlassen. Aber ich möchte ein engagiertes Leben hinterlassen.«

1929–1944
Kindheit in Atlanta, erste Schulzeit

»Irgendwann schaffe ich mir auch welche von so starken Worten an.«

1929, das Geburtsjahr Kings, brachte eine spektakuläre Nachricht aus der Wissenschaftswelt in die Schlagzeilen. Edwin P. Hubble, Direktor der Mount Wilson Sternwarte in Kalifornien, veröffentlichte neue astronomische Daten, die das bisherige Weltbild sprengten. Der Kosmos besteht danach nicht, wie man bisher angenommen hatte, aus einer ruhenden Masse, sondern das All explodiert, schießt an seinen Rändern fast mit Lichtgeschwindigkeit wie ein riesiger Feuerball auseinander. Die Welt weitete sich plötzlich in unvorstellbare Dimensionen.

Ein ähnliches Bild wie Hubbles expandierendes All bot auch die Wirtschaft der Vereinigten Staaten zu dieser Zeit. Sie expandierte in den zwanziger Jahren in einem Ausmaß, daß es schien, als habe sie alle Grenzen hinter sich gelassen. In den USA zählte man 1929 mehr als 23 Millionen Autos. Die Industrienationen Europas, noch immer von den Kriegsfolgen geschwächt, blickten neidvoll über den Atlantik. Der Dollar eroberte die internationalen Finanzmärkte, Massenkonsum, Jazz und Coca-Cola wurden zum Inbegriff amerikanischen Lebensstandards. Der erste Mickymaus-Film lief 1929 in allen Kinos. Ein Weltstar war geboren. »Er spricht! Er singt! Er tanzt!« verkündeten die Plakatwände, und ganz Amerika applaudierte.

Atlanta, Martins Geburtsstadt, Regierungssitz des Bundesstaates Georgia, profitierte mit von dem wirtschaftlichen Aufschwung. Hier befand sich das Hauptquartier der Coca-Cola-Company, deren Gründer, Asa G. Candler, 1917 seine Geschäftsanteile verkaufte und sich zum Bürgermeister von Atlanta wählen ließ. Eine Reihe von weiteren Firmen aus der Konsumgüterbranche wurde in den zwanziger Jahren ansässig, und die Stadtverwaltung verstand es, die Stadt zu einem führenden Verkehrs- und Güterumschlagplatz auszubauen. Auch für eine Handvoll Familien des schwarzen Bevölkerungsdrittels zahlte sich der wirtschaftliche Aufschwung aus. Schwarze Banken und Versicherungsgesellschaften entlang der Auburn Avenue, der Hauptstraße des Negerviertels, entwickelten sich zu Zentren schwarzer Finanzmacht im Süden. Martins Vater gehörte zu den wohlhabenden Bürgern. Der Erfolg war ihm allerdings nicht in den Schoß gefallen. »Daddy King«, wie er später in seiner Familie hieß, war der Sohn eines Tagelöhners. Mit vierzehn lief der Heranwachsende von daheim weg, verdingte sich als Hilfsheizer bei der Bahn und beschloß, Millionär zu werden. Mit fünfzehn Jahren wurde er zum Reisepredigtdienst zugelassen und arbeitete die Woche über in zahllosen Jobs, um sich das Geld für den Schulbesuch zu verschaffen. Siebenundzwanzigjährig heiratete er Alberta Williams, die Tochter des Pastors der angesehenen Ebenezer-Negerkirche, zog zu seinen Schwiegereltern ins Haus an der Auburn Avenue und wurde 1931, nach dem Tod von Albertas Vater, zu dessen Nachfolger gewählt.

Mit zwei Geschwistern wächst Martin Luther King, wie sein Vater auf den Namen des Reformators getauft, behütet und wohlversorgt in einer komfortablen Umgebung auf. Christine, seine Schwester, ist anderthalb Jahre älter, Alfred-Daniel ebensoviel jünger als er. Martin hat eine gesunde, kräftige Natur, die Hautfarbe des Jungen ist von einem »vorteilhaften Braun«, wie man bei den Weißen sagt. Den aufgehellten Teint und die leicht schrägen Augen verdankt er entfernten irischen und indianischen Vorfahren.

Die Eltern lassen ihren Kindern eine sorgfältige Ausbildung zukommen. Atlanta bietet dafür die besten Voraussetzungen. Die Stadt beherbergt sechs Neger-Colleges und -Universitäten, darunter die bekannte Atlanta-University, das Morehouse-College und das Spelman-College, die erste Hochschule der Stadt für schwarze Mädchen. An den Hochschulen Atlantas studiert die Elite der schwarzen Oberschichtkinder Amerikas, und für die Eltern King ist zur Weiterbildung ihrer Kinder das Beste gerade gut genug.

Der kleine Martin enttäuscht sie nicht. Er besuchte einen Privatkindergarten und bestand als Fünfjähriger darauf, mit Chris zusammen eingeschult zu werden. Seine Mutter mogelte bei der Aufnahme und gab das Alter des Jungen mit sechs Jahren an, aber einige Zeit später flog der Schwindel auf. Martin wurde zurückgestellt und im Jahr darauf neu eingeschult. Dann aber

übersprang er die Eingangsklasse und hatte es doch noch erreicht, bei seiner großen Schwester zu sitzen.
1935 befinden sich die USA auf dem Tiefpunkt einer schweren Wirtschaftskrise. Sie begann nach dem beispiellosen Aufschwung der zwanziger Jahre mit einem Börsenkrach im Oktober 1929, nahm bald immer verheerendere Ausmaße an und legte schließlich über Jahre hinaus Amerikas Wirtschaft lahm. Sämtliche sozialen Sicherheitssysteme versagen, Tausende von Banken schließen, Werkspolizisten der Firma Ford schießen mit Maschinengewehren auf Arbeiterdemonstranten, Truppen vertreiben arbeitslose Kriegsveteranen aus Washington, die Verwaltungen der Großstädte machen bankrott, die Selbstmordzahlen steigen, und das Produktivvermögen des Landes sinkt um ein Drittel. Hungrige Männer stehen bei der Heilsarmee um Brot an, Millionen sind auf den Dächern von Güterwagen unterwegs – in der Hoffnung, irgendwo Arbeit zu finden.
Die schwarzamerikanische Bevölkerung wird von der Krise besonders mitgenommen. Die Hälfte der Männer im arbeitsfähigen Alter findet keine Beschäftigung, und das Einkommen farbiger Familien in den Südstaaten bleibt um zwei Drittel hinter dem Verdienst weißer Arbeiter zurück. In Atlanta sind 65 Prozent der schwarzen Familien ohne geregeltes Einkommen. Die Farbigen haben keine Möglichkeit, sich gegen die wirtschaftliche Diskriminierung zu wehren. Gerade in Krisenzeiten heißt es für die Schwarzen, nicht auffällig zu werden, denn der weiße Mob sucht Sündenböcke. Eine Lynchwelle erfaßt den Süden, Ku-Klux-Klan geht um, Schwarze werden zu Dutzenden Opfer von Fememorden. 1930 erklärt der Bundesstaat Virginia jeden Bürger zum Farbigen, der »irgendeine Menge Negerblut besitzt«. 1931 produziert Hollywood seinen ersten Tarzan-Film: Tarzan, die »weiße Haut«, hangelt durch den Dschungel und rettet die blonde Jane vor den schwarzen Untermenschen, die im Busch hocken und ihre Zähne spitz feilen. 1932 verurteilt ein weißes Geschworenengericht acht halbwüchsige schwarze Jungen wegen angeblicher Vergewaltigung von zwei weißen Landstreicherinnen zum Tode.
Im Alter von sechs Jahren macht Martin seine ersten bewußten Erfahrungen mit dem weißen Rassismus. Beim Einkaufen schlägt

ihm eine weiße Frau ins Gesicht. »Der kleine Nigger ist mir auf den Fuß getreten«, beschwert sie sich laut. Martin muß sich anhören, wie ein Polizist seinen Daddy mit »boy« anspricht. Wenn der Junge nach der Schule eine Limo kaufen will, muß er am Seitenfenster vom Kiosk warten, bis er bedient wird. Überall stehen Schilder »Nur für Weiße« oder »Eingang für Farbige«, in den Parks, im Kino, selbst für die Benutzung der öffentlichen Trinkwasserstellen gilt die Segregation, das Gesetz der Rassentrennung. Fährt er mit dem Omnibus, zahlt er vorn und rennt mit seinem Fahrschein den Bus entlang, um bei der Hintertür einzusteigen. Der Postbote ist weiß, der Polizist, der Richter, der ganze Staatsapparat. Atlanta mit ihren 90000 Schwarzen ist eine segregierte Stadt, die ausschließlich von weißen Beamten verwaltet wird. Auf dem Papier hat der schwarze Bevölkerungsteil alle demokratischen Mitentscheidungsrechte, in der Praxis ist er von der politischen Willensbildung ausgeschlossen. Allein vor dem weißen Steuereinnehmer, der ins schwarze Pfarrhaus kommt, sind alle Menschen gleich.
Pastor King war ein Mann, der sich nicht leicht einschüchtern ließ. Eines Tages marschierte er ins Rathaus und setzte seine Eintragung als wahlberechtigter Bürger durch.
»Als ich zum Pförtner sagte, ich wollte mich in die Wählerliste eintragen lassen, blickte er mich an, als hätte ich ihn ins Gesicht geschlagen«, erzählt er seiner Familie. »Dann deutete er auf einen Aufzug, an dem die Aufschrift COLORED zu lesen war.« Der Aufzug funktionierte nicht. Auch nicht am nächsten Tag, er war eine Woche lang außer Betrieb. Irgendwann schaffte es Pastor King trotzdem, bis ins Wahlbüro vorzudringen. Dort wurde ihm eröffnet, daß er zunächst seine Wahlsteuer zu entrichten habe, das sogenannte Kopfgeld. Dann mußte er sich in Lesen, Schreiben und Staatsbürgerkunde examinieren lassen. Es war eine entwürdigende Prozedur. Aber Pastor King gab nicht auf und verließ das Rathaus im Besitz der harterkämpften Karte, die ihn als eingetragenen Wähler auswies.
Als Martin sechs Jahre alt war, organisierte der Pastor von Ebenezer eine Wählerregistrierungsaktion, die in einem öffentlichen Marsch zum Rathaus gipfelte. »Ich unterwerfe mich nicht mehr widerspruchslos«, rief er den Gottesdienstbesuchern zu. »Ich trete nicht mehr von der Straße herunter, um Weiße vorbeigehen zu

lassen.« Viele Schwarze beteiligten sich an der Aktion, und einigen hundert gelang die Registrierung. Im Jahr darauf inszenierte Daddy King einen Lehrerprotest, um die Besoldungsgleichstellung schwarzer Lehrer mit ihren weißen Kollegen zu erreichen. Die Lehrer brauchten elf Jahre, bis sie ihr Ziel erreichten, und Pastor King erhielt haufenweise Haßbriefe und Morddrohungen ins Haus geliefert.

Mutter Alberta stand zu ihrem Mann. Aber sie wußte, daß er gefährlich lebte. Auf der kahlen Anhöhe des Stone Mountain östlich der Stadt finden die Geheimtreffs der Klanleute statt. Nachts flackert manchmal der rötliche Schein ihrer Flammenkreuze in den Wolken. Der Ku-Klux-Klan hat etwas gegen »Nigger, die ihre Nase zu hoch tragen.« Wen der Klan greift und auf den Berg schleppt, kommt verstümmelt oder gar nicht mehr zurück. Beim Essen erzählt Mam den Geschwistern: »Ihr hattet einen Großonkel, der wurde gelyncht. Irgendeine weiße Frau hatte ihn beschuldigt, und ein paar Männer kamen und zerrten ihn in den Wald. Es war zwecklos zu folgen, und es halfen auch keine Tränen. Eine gutherzige weiße Frau kam nachmittags zu eurer Großtante ins Haus und sagte ihr, wo sie ihn finden konnte. Er hing an einem Baum. Ich bin sicher, daß ihn die weißen Männer für Schießübungen benutzt hatten, denn sein Körper war von Kugeln durchsiebt.«

Martin weint. »Warum dürfen die Weißen das mit uns machen?« fragt er zornig.

Seine Mutter nimmt ihn auf den Schoß und erzählt von Lincoln, dem Bürgerkrieg und der Sklavenbefreiung. Sie erklärt ihrem Sohn, daß die Schwarzen nach der Verfassung der Staaten ihren weißen Mitbürgern gleichgestellt seien. »Du bist genauso gut wie jeder andere«, sagt sie. »Vergiß das nicht.«

Martin vergaß es nicht.

Vermutlich sah keiner dem stämmigen, untersetzten Jungen an, wie verletzlich er war. Er verschlang Unmengen von seinem Lieblingsessen, dem »Soul Food«, einem scharfgewürzten Gemüseeintopf mit untergekochten Schweinsohren und anderem Gekröse. Und Martin war begeisterter Sportler. Er stand im Ring und boxte, rang auf der Matte und war in den Baseball- und Footballteams seiner Schulen als Mitspieler begehrt.

Im Juni 1936 überträgt der Rundfunk aus dem New Yorker Yankee-Stadion den Boxkampf zwischen Joe Louis, dem amerikanischen Schwergewichtler, und Max Schmeling, seinem deutschen Herausforderer. Die Wetten stehen 10 zu 1 für den Schwarzen. Aber der Kampf endet mit einem K. o.-Sieg Schmelings in der zwölften Runde. Martin und seine Freunde sind enttäuscht. Doch bereits sechs Wochen später steht das nächste sportliche Großereignis an. Am 1. August eröffnet Hitler vor 5000 Sportlern aus aller Welt die 11. Olympiade in Berlin. Wieder sitzt die ganze Familie vor dem Radio und bejubelt diesmal den 22jährigen Schwarzen Jesse Owens, der in vier olympischen Disziplinen die Goldmedaille erringt und dabei drei Weltrekorde übertrifft. Ehe Owens seine zweite Medaille empfängt, verläßt Hitler die Tribüne.
Jesse Owens wurde in den Staaten begeistert empfangen, doch an der Tatsache, daß er eine schwarze Haut hatte, änderten auch die Medaillen nichts. Jahre später bemerkte er bitter: »Ich kam nach Hause und durfte noch immer nicht vorn im Bus sitzen. Ich mußte zurück an den Hintereingang. Ich konnte auch noch immer nicht wohnen, wo ich wollte. Ich bin von Hitler nicht beglückwünscht worden, aber ich wurde schließlich auch nicht für einen Händedruck vom Präsidenten ins Weiße Haus eingeladen.«
Der schwarze Boxchampion Joe Louis nahm 1938 in New York Revanche gegen Schmeling. Diesmal streckte er den Deutschen bereits in der ersten Runde mit drei Niederschlägen auf die Bretter. Der Verlierer 1951: »Joe Louis war der größte Boxer, dem ich jemals im Ring gegenübergestanden habe.« Amerika jubelte dem neuen Weltmeister zu, und New Yorks Harlem feierte die ganze Nacht. Joe Louis wurde im Triumphzug durchs Getto gefahren. An einem Auto hatte man ein Schild angebracht: »Joe Louis soll Präsident werden!«
Millionen von Schwarzamerikanern schien lange Zeit der Sport die einzige Chance zu bieten, dem tristen Gettodasein zu entkommen. Es war eine verzweifelte Flucht nach vorn, der für die meisten Schwarzen aber nur in die nächste Sackgasse führte. Sportfunktionäre handelten mit den schwarzen Athleten wie Fleischverkäufer. Nach Jahren waren die allermeisten ausgepowert, und am Ende der sportlichen Laufbahn stand oft nur noch eine Drogenkarriere.

Tennisstar Arthur Ash wandte sich 1979 in einem offenen Brief an die schwarzen Eltern und schrieb: »Unglücklicherweise sind Athleten unsere anerkannten Vorbilder. Wir Schwarzen verbringen zuviel Zeit auf Sportplätzen. Schickt eure Kinder lieber in die Bibliotheken.«
Martins Eltern brauchten ihren Jungen nicht zum Lesen anzuhalten. Er war schon als Kind der Magie des Wortes restlos verfallen. Ihn faszinierten die wortgewaltigen Baptistenprediger des Südens, die von der Kanzel Feuer und Schwefel über die unbußfertigen Sünder herabriefen, stöhnend und lachend ihre Zuhörer in Ekstase versetzten, bis »Soul Power« ihre Körper schüttelte und die Wände wie Jerichos Mauern vor Halleluja-Jubel, Amen und anfeuernden Zurufen zu wanken schienen. »Irgendwann schaffe ich mir auch welche von so starken Worten an«, verkündete der Knirps seinen Eltern. Der Vater war stolz auf den Jungen und hatte ihn als seinen Nachfolger in Ebenezer ausersehen. Martin hatte eine schöne volle Stimme und sang hingerissen die gefühlvollen baptistischen Spirituals, unter denen der Choral »Ich möchte immer mehr wie Jesus sein« des Jungen erklärtes Lieblingslied war. Wenn er, von seiner Mutter am Klavier begleitet, sein Repertoire auf einer Gemeindeversammlung vortrug, waren die Teilnehmer zu Tränen gerührt und brachten dem kleinen Star Ovationen dar.
Daddy King war durch eine harte Schule gegangen, und er schenkte auch seinen Kindern nichts. Ihr Taschengeld müssen sie selbst verdienen. Martin verkauft mit sieben Jahren Limo, mit dreizehn Negerzeitschriften. Als Austräger schafft er es später, bis zum stellvertretenden Leiter einer Zweigvertriebsstelle des weißen *Atlanta Journal* aufzurücken.
Inzwischen besucht Martin die Oberschule, zuerst eine teure private, dann wechselt er zur öffentlichen Booker T. Washington School über. Alle Schulen, die er durchläuft, sind Negerschulen, aber die Lehrpläne wie die Textbücher sind dieselben wie für weiße Kinder. Im Rechenbuch verkaufen weiße Banken Kredite an weiße Kunden, der Sprachunterricht drillt die Schüler auf den Wortschatz der weißen Mittelklasse, im Fach Gemeinschaftskunde präsentiert sich das weiße Amerika als Bannerträger der freien Welt, und die Geschichtsbücher preisen die Kulturleistungen der weißen Siedler,

die den Kontinent urbar machten. Es gibt keine schwarzen Schulbücher, keine schwarzen Tageszeitungen, keine schwarzen Rundfunkstationen, keine schwarze Plattenindustrie, keine schwarzen Filmstudios, keine schwarze Geschichte. Die Fragen eines Dr. W. E. B. DuBois, des prominentesten Negerführers während der ersten Jahrhunderthälfte, verhallen ungehört bei den Weißamerikanern: »Ist das euer Land? Wie seid ihr denn in seinen Besitz gekommen? Wir waren bereits da, als die Pilgerväter hier landeten. Wir haben unsere dreifältige Begabung mit euren Fähigkeiten vereint: Unsere Begabung, in einem disharmonischen und unmelodischen Land zu erzählen und zu singen; unsere Begabung, zweihundert Jahre früher, als es eure schwachen Hände vermocht hätten, mit Schweiß und Muskelkraft die Wildnis zu besiegen und so das Fundament dieses gewaltigen Wirtschaftsimperiums zu legen; und wir haben in dieses Land unsere Begabung eingebracht, die euch mit Spiritualität beschenkte.« Schwarze Fragen werden auch nicht an schwarzen Schulen diskutiert. Als öffentliche Einrichtungen sind sie der weißen Schulaufsichtsbehörde unterstellt, und will ein Lehrer nicht seine Entlassung riskieren, fällt er tunlichst nicht auf und vermeidet es besser, sich in Rassenfragen zu exponieren. Die Folge der Tabuisierung ist, daß der Schwarze lernt, seine unnatürliche Situation als naturgegeben hinzunehmen.

Doch was Segregation heißt, wird dem schwarzen Jungen spätestens in der Pubertät am eigenen Leibe klar. Auch Martin wird es so gegangen sein. Er tanzt gern, flirtet ausgiebig, und ihm kommen dabei nicht nur platonische Gefühle. In der Pausenhalle handeln die Jungen heimlich mit den sogenannten »Achtseiten-Comics«. Popeye, mit einem Superpenis ausgestattet, brilliert darin als Sexualakrobat mit Winnie Winkle oder Connie, den faden weißen Schönen. Die Heftchen wurden in den dreißiger und vierziger Jahren unterm Ladentisch gehandelt, fanden jedoch reißenden Absatz, gingen von Hand zu Hand und gerieten auch wohl Martin irgendwann zwischen die Finger. Für einen schwarzen Jungen ist das eine heikle Sache. Die Bilder erregen sexuelle Lust. Aber die willige Connie ist eine weiße Frau, und Martins dunkle Haut macht seine Phantasien zu Gedankenverbrechen. Irgendwann muß dem Jungen in diesen Jahren schockartig aufgegangen sein, daß seine

Rassenzugehörigkeit ihm den Umgang mit neunzig Prozent aller Mädchen untersagte. Die schwarze Haut umschloß seinen Körper wie ein Gefängnis, verunglimpfte ihn als Unperson.
Martin Luther King beginnt sich seiner Haut zu schämen. Zwei Selbstmordversuche des Zwölfjährigen deuten auf eine tiefe Krise des Heranwachsenden hin. Auslöser sind zwei Anlässe, bei denen es jedesmal um die mit im Haus wohnende Großmutter Williams geht. Einmal rennt Alfred-Daniel die alte Frau versehentlich um. Martin hält sie für tot, läuft ins Obergeschoß und wirft sich aus dem Fenster. Monate später erliegt »Mama«, wie die Geschwister ihre Großmutter nennen, einem akuten Herzversagen, während sich Martin in der Stadt herumtreibt. Der Junge ist überzeugt, daß er Mamas Herz gebrochen hat. Wieder springt er aus dem Fenster, fügt sich zwar keinen ernstlichen Schaden zu, weint aber tagelang und schreit nachts im Schlaf. Sein extremes Verhalten läßt untergründige Strafängste, verursacht von Abwehr und daraus folgenden Schuldgefühlen, gegenüber Frauen seiner Hautfarbe vermuten.
Wir wissen nicht, wie Martin es schaffte, seine akute Krise zu bewältigen. Auffällig aber ist, daß er beginnt, gesteigerten Wert auf seine äußere Erscheinung zu legen. Seine Fingernägel sind sorgfältig manikürt, die Zähne strahlen, und mindestens einmal wöchentlich läßt er sich das Kraushaar stutzen. Sein selbstverdientes Geld gibt er für teure Anzüge und handgefertigte, elegante Schuhe aus, die er mit Hingabe poliert, und er trägt erlesene Krawatten. Sein kultiviertes Äußeres trägt ihm den Spitznamen »Tweed« ein. Martin reagiert lächelnd. Er lernt seine Gefühle zu sortieren, vor sich und anderen zu verstecken, glänzt jedoch als Unterhalter und Redner, gewinnt verschiedene Rhetorikwettbewerbe und präsentiert sich seiner Umwelt als ein rundum aparter, wohlerzogener, gescheiter junger Mann, der einen unwillkürlich denken läßt: Schade, daß er ein Neger ist. An seiner Hautfarbe kann er nichts ändern, aber er will wenigstens beweisen, daß er kein Nigger ist.
Bei einer Klassenfahrt tituliert ihn der Busfahrer als »schwarzer Hurensohn« und weist ihn aus dem vorderen Wagenteil. Martin muß mit seinen Freunden hinter den leeren Sitzplätzen für Weiße eine stundenlange Fahrt im Gang stehend hinter sich bringen.

Zwanzig Jahre später erinnert er sich in einem Interview an den demütigenden Vorfall: »Ich glaube, so vor Wut gekocht habe ich sonst nie in meinem Leben.«
Damals ist Martin vierzehn Jahre alt. Er paukt in der Schule amerikanische Geschichte und wundert sich. Zweihunderttausend schwarze Soldaten fochten an der Seite von Lincoln für den Zusammenhalt der Nation und errangen mit ihm 1865 den Sieg über die Sklavenhalterstaaten des Südens. Damals jubelten die Negerführer: »Wir haben eine Zukunft, jetzt stehen uns alle Wege offen!« Demokratie, hatte Lincoln definiert, ist »Regierung vom Volk, durchs Volk und fürs Volk«, und es schien, als bekämen die Schwarzen endlich auch ihre Chance, die Politik des Landes mitzugestalten. Vielerorts zogen Farbige in die Volksvertretungen ein. Sogar im Kongreß der Bundeshauptstadt Washington waren sie mit einer Handvoll Abgeordneten vertreten. Doch die Großgrundbesitzer der Südstaaten hatten die Situation bald wieder im Griff. Sie kassierten die zurückgewonnenen Rechte ihrer schwarzen Landsleute Zug um Zug wieder ein. Zuerst das Wahlrecht. Die Südstaaten gaben sich neue Verfassungen, »um die Wählerschaft von Negern zu reinigen«, und knüpften die Ausübung des Stimmrechts an Bedingungen, die für die meisten Schwarzamerikaner unerfüllbar waren. Wenn auch das nichts fruchtete, halfen sie mit Gewalt nach.
Die Schwarzen waren frei geworden, aber wirklich verbessert hatte sich ihre Lage nicht. Ihre materielle Situation verschlechterte sich oft noch eher. Sie waren Billigstarbeiter geworden, die ohne Schutz von Gerichten oder Gewerkschaften als Lohnsklaven jeder erdenklichen Willkür ihrer Arbeitgeber wehrlos ausgeliefert waren. Manche der ehemaligen Sklaven lebten noch, während Martin die Schulbank drückte. Sie schufteten als Kleinpächter auf den Plantagen und wurden weggejagt, wenn die Erträge nicht stimmten, schlugen sich als Saisonarbeiter durch, verlegten Schienen, bauten Straßen, verdingten sich als Cowboys, lebten zumeist nur gerade von der Hand in den Mund, arbeiteten mindestens so hart wie die Weißen und brachten es doch zu nichts.
Ein Jahrzehnt nach dem Bürgerkrieg bekräftigte die Bundesregierung nochmals ausdrücklich allen Bürgern ohne Unterschied von

Rasse, Nationalität und Geschlecht das Recht auf gleiche Inanspruchnahme »von Gasthäusern, öffentlichen Land- und Wasserfahrzeugen, Theatern und sonstigen öffentlichen Unterhaltungsgelegenheiten.« Doch 1883 hob der Oberste Gerichtshof das Gesetz wieder auf und bestätigte die Rechtmäßigkeit einer Verordnung des Staates Louisiana, wonach Farbige und Weiße in der Eisenbahn getrennt unterzubringen seien. Das Beispiel machte Schule. »Jim Crow«, wie Weiße den Neger verächtlich betitulierten, saß im Kino auf der »Erdnuß-Galerie«, seine Familie durfte beim Schuh- und Kleiderkauf keine Sachen anprobieren, und im Staat Alabama war es »Jim Crow« sogar untersagt, mit Weißen am Schachbrett zu sitzen. »Jim Crow«-Schulen waren nach den Buchstaben des Gesetzes »getrennt, doch gleich«, hielten aber den Vergleich mit den weitaus besser ausgestatteten weißen Bildungseinrichtungen nicht im entferntesten aus. Die Schwarzamerikaner waren genau wieder da, wo sie vor dem Bürgerkrieg gewesen waren, als der Chefrichter des Obersten Gerichtshofes erklärte, die Verfassung sei »von Weißen für Weiße« gemacht und ein Neger habe »keine Rechte, die ein Weißer respektieren muß.«

Das alles steht freilich nicht in Martins Schulbüchern. Sie zeigen die Vereinigten Staaten nur von ihrer weißesten Seite. Noch 1960, während Martin Luther Kings Bürgerrechtsbewegung in ihre heiße Phase zu steuern beginnt, erklärt ein Handbuch *Know the United States of America* unter anderem: Die USA besitzen das leistungsfähigste Industriesystem der Welt, das beste Transport- und Kommunikationssystem, die höchste Arbeitsproduktivität, die freieste Arbeitsplatzwahl, die größte Sicherheit für das Eigentum, den höchsten Lebensstandard in aller Welt. Die Regierung schützt die verfassungsmäßigen Rechte aller Bürger, sie sorgt für gleiche Bildungschancen, jeder hat die Möglichkeit zum sozialen Aufstieg, der Geist der Toleranz nimmt immer mehr zu, es gibt fast keine Analphabeten mehr. Die Bürger erfreuen sich der Segnungen einer Demokratie, die seit hundertsiebzig Jahren erfolgreich funktioniert, der Schutz des Wahlrechts wird laufend weiter verbessert, jeder »rechtmäßig qualifizierte Bürger« besitzt das Stimmrecht, jedem steht es zu, jedes beliebige Amt anzustreben, die Vereinigten Staaten sind führend in ihren Anstrengungen für den Weltfrieden ... und so weiter. Für die Farbigen der USA stimmte auch 1960 von alldem so gut wie nichts. Es überrascht darum auch nicht, weder im Text- noch im Bildteil einem Neger zu begegnen. Dabei lebten zur Zeit der Drucklegung des Handbuchs 19 Millionen Schwarze in den USA. Ähnlich muß man sich Martins Schullektüre vorstellen. Wie die böse Stiefmutter im Märchen hält die reichste Nation ihre Aschenputtelkinder versteckt.

1944–1953
College, Studium, Heirat

»Ich hatte ständig das typische weiße Negerbild vor Augen, und ich habe mich eine Weile schrecklich angestrengt, anders als das Klischee zu sein.«

Mit fünfzehn wechselt Martin, »sehr früh für sein Alter«, ins Morehouse-College über. Hier begegnet er einer anderen Atmosphäre. »Mir fiel auf, daß niemand Angst hatte«, schreibt er später. Die Lehrer von Morehouse konnten es sich eher leisten, kein Blatt vor den Mund zu nehmen. Das College war eine Privatschule, wurde von Schwarzen finanziert und unterstand somit nicht der weißen Schulaufsicht. Das Morehouse-College stellte überdurchschnittliche Leistungsansprüche an die Schüler, seine Lehrer unterrichteten mit puritanischer Strenge und hielten ihre Zöglinge zu Fleiß, Zucht und Ordnung an. Das selbstbewußte Motto der Eliteschule lautete: »A Morehouse man cannot fail« – für Versager war kein Platz. Martin belegt Englisch als Grundkurs (eine Fremdsprache hat er wie die meisten amerikanischen Schüler nie gelernt), und als Leistungskurs wählt er Gemeinschaftskunde. Außerdem absolviert er einen zweisemestrigen Einführungskurs in Philosophie.

Hier begegnet er dem Buch, das ihm neben der Bibel einen entscheidenden Anstoß für das spätere Leben gab, Thoreaus Essay *Über die Pflicht zum Ungehorsam gegen den Staat.* Thoreau, progressiver Lehrer, kritischer Schriftsteller und ein früher Vorläufer der heutigen »Grünen«, rief 1849 zum Widerstand und Steuerboykott gegen die von der Mehrheit gewählte Regierung der Vereinigten Staaten auf, der er vorhielt, eine menschenrechtsfeindliche Politik zu betreiben.

Dem Bürger schrieb er ins Gewissen:»Wenn das Gesetz aus dir einen Helfershelfer für das Unrecht macht, das einem anderen zugefügt wird, dann, so sage ich, brich das Gesetz. Ich denke nämlich, wir sollten zuerst Menschen und erst in zweiter Linie Untertanen sein. Darum ist es auch nicht wünschenswert, Gesetzesrespekt zu kultivieren als vielmehr den gebotenen Respekt vor dem ungeschriebenen Recht. Wenn Nötigung und Ausbeutung sich organisieren, dann sage ich: Wir wollen einen solchen Unterdrükkungsmechanismus jetzt nicht mehr länger dulden.« Der Steuerverweigerer und Bürgerrechtler landete, wenn auch nur für eine Nacht, im Gefängnis, dem »einzigen Haus in einem Sklavenstaat, das ein freier Mann in Ehren bewohnen kann«, wie er nach seiner Freilassung meinte. Thoreau war sich durchaus im klaren, daß nur wenige seine radikale Moral teilten, doch das war für ihn kein Anlaß aufzugeben. »Lege dein ganzes Gewicht in deine Stimme«, forderte er den kritischen Bürger auf. »Wirf nicht nur einen Stimmschein, sondern deinen ganzen Einfluß in die Waagschale. Eine Minderheit ist solange machtlos, wie sie sich der Mehrheit anpaßt, und dann ist sie noch nicht mal eine Minderheit. Aber sie ist unwiderstehlich, sobald sie ihr ganzes Gewicht einsetzt.« Henry David Thoreaus Ausführungen lasen sich für Martin wie ein zeitgenössischer Aufruf. Er traute seinen Augen nicht, konnte kaum fassen, was da schwarz auf weiß geschrieben stand. »Der Gedanke, daß man sich weigern solle, mit einem bösen System zusammenzuarbeiten, faszinierte mich so sehr, daß ich das Werk mehrmals las«, erinnerte er sich 1958 nach dem Busboykott von Montgomery.

Faszination war sicher das richtige Wort, denn mehr war Martins Reaktion damals noch nicht. Jedenfalls kann keine Rede davon sein, daß Thoreau den Morehouse-Schüler bereits auf den Gedanken an eine politische Mission gebracht hätte. Vor dem Busboykott von Montgomery, der King erstmals an die Öffentlichkeit katapultierte, spricht wenig in Martins Lebensdaten für ein engagiertes Interesse an Bürgerrechtsfragen. Über die politischen Inhalte erreichte Thoreau ihn vielmehr auf einer persönlichen Ebene. Martin Luther King war mit dem »Amerikanischen Credo« auf den Lippen großgeworden, mit der patriotischen Selbstverpflichtung: »Ich halte es für meine Pflicht gegenüber meinem Land, es zu lieben, seine Verfassung zu wahren, seinen Gesetzen zu gehorchen, seine Flagge zu ehren und es gegen alle seine Feinde zu verteidigen.« Das hat er in der Schule unzählige Male aufgesagt, und das war auch das Glaubensbekenntnis seiner Eltern. Wohlverhalten, politische Loyalität, sicherte gerade der schwarzen Elite den Aufstieg. Entsprechend war der Pastorensohn zu striktem Gehorsam gegenüber Gesetz und Ordnung erzogen worden. Pflichterfüllung brachte ihm Daddys Lob ein und Ungehorsam die verdiente Strafe. Die »Pflicht zum Ungehorsam«, Thoreaus dialektische Verbindung gegensätzlicher Vokabeln zu einem anarchistischen Begriffspaar, entzauberte plötzlich die Ansprüche vom weißen Vaterland und schwarzen Elternhaus. Martin, der wegen seiner schwarzen Haut mit sich entzweite junge Mann, fand bei dem rebellischen Thoreau zum erstenmal einen kritischen Außenhalt gegenüber dem doppelten Anpassungsdruck seiner Umwelt. Das war für ihn eine tiefgreifende persönliche Erfahrung.

Während Martin 1944 Thoreau studiert, befinden sich die USA bereits seit drei Jahren im Krieg mit Japan, Hitlerdeutschland und dem faschistischen Italien. Zucker, Fleisch, Konserven sind rationiert, und auch Benzin gibt es nur noch auf Marken. Hausfrauen und Schulkinder sammeln Altmetall und stapeln Altpapier. Dennoch herrscht größerer Wohlstand als in den mageren dreißiger Jahren. Zu hungern braucht niemand. Die Wirtschaft der Staaten faßt wieder Tritt. Auch der Pastorenfamilie King geht es besser als je zuvor. Sie zieht 1941 in ein großes gelbes Backsteinhaus um. Es liegt in der vornehmsten Wohngegend und hatte davor einem schwarzen Arzt gehört. »Von einem solchen Haus hatte ich geträumt, seit ich zum erstenmal daheim weggelaufen war«, schreibt Vater King. Jetzt im Mannesalter kann er sich seinen Kindheitswunsch erfüllen. Wie die Kings profitiert die schwarzamerikanische Bevölkerung insgesamt vom Aufschwung. Die Rüstungsindustrie braucht Arbeitskräfte, und viele schwarze Familien zieht es in den Norden, nach Chicago, Detroit, Philadelphia und New York. Von den vierzehn Millionen Negern der USA leben bereits einige Millionen in den schwarzen Großstadtgettos. Sie stellen acht Prozent der Beschäftigten in der Rüstungsindustrie, und die Arbeitslosigkeit unter den Schwarzen sinkt auf einen zuvor nie verzeichneten Tiefstand. Aber die Schwarzamerikaner sind auch selbstbewußter geworden. Sie lassen sich nicht mehr alles bieten. In Detroit kommt es mitten im Krieg zu tagelangen Rassenunruhen. Sie bringen vorübergehend die ganze Rüstungsproduktion zum Stillstand. Die Regierung setzt Soldaten ein, 25 Schwarze und neun Weiße kommen ums Leben,

mehr als 1000 werden verletzt. Die Unruhen greifen auf andere Städte über. In Harlem, dem schwarzen Getto von New York, entlädt sich die Wut, es kommt zu Plünderungen und Sachbeschädigungen in Höhe von 5 Millionen Dollar, 500 Schwarze werden verhaftet, mehrere hundert verwundet und fünf erschossen. Während des Jahres 1943 zählt das statistische Bundesamt 242 Rassenkrawalle in 47 Städten. Es sind die letzten großen Rassenauseinandersetzungen bis in die Mitte der sechziger Jahre, als es auf dem Höhepunkt der Bürgerrechtsbewegung zu bürgerkriegsähnlichen Zuständen in vielen amerikanischen Großstädten kommt.
Im Zug der allgemeinen Mobilmachung werden auch Schwarze zum Militärdienst eingezogen. Sie bleiben allerdings von der aktiven Truppe ausgeschlossen und finden nur bei den rückwärtigen Nachschubeinheiten Verwendung. Bei Kriegsbeginn Ende 1941 gibt es in der US-Armee nur fünf schwarze Offiziere, davon sind drei Militärpfarrer. Die Negerrechtsorganisationen protestieren lautstark gegen die Diskriminierung, allen voran die NAACP (National Association for the Advancement of Colored People), die »Nationale Vereinigung zur Förderung der Farbigen«. Ihre Führer fordern die volle Eingliederung der Schwarzen in die Streitkräfte. Sie versprechen sich davon eine positive Rückwirkung auf die gesamtgesellschaftliche Situation der Farbigen. Nicht alle Schwarzen denken genauso. Eine Handvoll verweigert den Kriegsdienst mit der Begründung, für Schwarze finde der Kampf gegen den Rassismus nicht in Hitler-Europa, sondern in Amerika selber statt. Sie werden als Wehrkraftzersetzer mit Gefängnis bestraft. Die stärkste Gruppe der Verweigerer stellen die »Schwarzen Moslems« der Vereinigten Staaten, die jede Integration grundsätzlich ablehnen. Ihr Führer Elijah Muhammad, Sohn eines Baptistenpfarrers, wirkte nach dem Ersten Weltkrieg in Detroit, bis ihm die Berufung Allahs zuteil wurde, die Schwarzamerikaner zum Glauben an den Islam zu bekehren. Sein Ziel ist eine autonome afro-amerikanische Republik auf dem Territorium der Staaten. Auch Elijah Muhammad landet mit mehreren hundert seiner Anhänger wegen Wehrkraftzersetzung im Gefängnis.
Erst Ende 1944, als eine deutsche Offensive die Front der US-Armee in Frankreich aufzubrechen droht, finden sich die Militärs bereit,

schwarze und weiße Einheiten zusammenzulegen. Den integrierten Kommandos gelingt es, die Deutschen zurückzuwerfen, und sie bewähren sich auch weiterhin als »Speerspitze der Armee« so erfolgreich, daß Präsident Truman 1948 die Heeresführung anweist, die rassische Gleichstellung aller Angehörigen der Streitkräfte sicherzustellen.

Der Krieg endete mit einer technischen Superdemonstration. Am 6. August 1945, »einem herrlichen klaren Tag, ideal für einen Bombenangriff«, zündete die Mannschaft einer B-29 die erste Atombombe über Hiroshima. Der Bordkommandeur funkte an die Einsatzzentrale: »Auftrag ausgeführt!« Hunderttausende von Toten und Verwundeten lagen zwischen den Trümmern. Siebenunddreißig Jahre später interviewte ein niederländisches Kamerateam die ehemalige Besatzung und traf auf eine Runde vergnügter angejahrter Herren, die, so der Reporter, mit »unbarmherzigem Stolz« von ihrem Einsatz schwärmten.

Die Militärs lehnten den Abwurf zunächst ab, weil Japan nach dem Sieg der Alliierten in Europa ohnehin zur Kapitulation bereit war. Doch die Physiker wollten es genau wissen. Sie drängten auf die praktische Erprobung von »Little Boy«, waren bei der Auswahl des Zielortes behilflich und bestanden aus wissenschaftlichem Interesse an einem Doppelversuch: auf der Zündung einer zweiten Bombe über Nagasaki, die nochmals 80000 Menschen vertilgte. Kaum jemand kam die Ungeheuerlichkeit des Vorgangs zum Bewußtsein, der den Einsatz von Massenvernichtungsmitteln gegen die Zivilbevölkerung zum kalkulierten Mittel der Kriegsführung erhob. Die USA hatten die faschistische Strategie des totalen Krieges mit einer Gegenstrategie des totalen Sieges beantwortet und feierten sich.

Amerika ging aus dem Krieg als unbestrittene militärische und wirtschaftliche Führungsmacht hervor. Drei Viertel des in der Welt investierten Kapitals, zwei Drittel der Industriekapazität, die Hälfte des gesamten Bruttosozialproduktes der Erde waren in den Vereinigten Staaten konzentriert. Die Umstellung von der Rüstung auf den Konsummarkt gab der Wirtschaft neue Impulse, denn während der Kriegsjahre hatte sich ein gewaltiger Nachholbedarf auf dem privaten Verbrauchssektor angestaut, und die Zuwachsraten der Produktion zeigten steil nach oben.

Während der Schulferien arbeitete Martin in verschiedenen Jobs, im Warenlager einer Matratzenfabrik, mit seinem Bruder Alfred-Daniel auf den Tabakfeldern von Connecticut im äußersten Norden der Staaten und wieder in Atlanta beim Eisenbahnexpreßdienst. Seine Stelle bei der Bahn kündigte er, weil der Vorarbeiter ihn »Nigger« rief. Mit Daddys Bankkonto im Hintergrund war er auf den Job nicht angewiesen und mußte nicht wie die anderen Schwarzen den Kopf einziehen.

Bei der Wahl seiner Kursfächer beschäftigte ihn zunehmend die Frage der künftigen Berufswahl. Vater King drängte. Er schreibt: »Ich hatte begonnen, mir über die Zukunft meiner Kinder Gedanken zu machen. Ich meinte, ich könnte namentlich den Söhnen dabei helfen, ein bißchen schneller erwachsen zu werden, als sie es selber wollten, und so versuchte ich, ihnen den Pfarrberuf nahezubringen.« Er dachte dabei besonders an Martin, den er vergötterte, und hatte den Jungen als seinen Nachfolger in der King-Dynastie ausersehen. Doch Martin hatte andere Vorstellungen. Eine Zeitlang war er entschlossen, Mediziner zu werden, dann wieder lockte ihn ein juristisches Studium. Hier wie dort hätte ihn im schwarzen Atlanta eine glänzende Karriere erwartet. Aber richtig schlüssig werden konnte er sich nicht. Sein Vater, dem alles nicht schnell genug ging, zog die Stirn kraus, zumal Alfred-Daniel »keinen so großen Wert aufs Lernen legte« und, wie Daddy King schreibt, »von frühester Jugend an entschlossen war, nicht das zu werden, was sein Vater war.« Alberta mahnte zur Geduld: »Du solltest die Jungen nicht so drängen... Nur zu leicht schreckt man dadurch Kinder gerade von den Dingen ab, die man selbst sehnlich wünscht. Laß sie sie selbst sein.«

Martin Luther King sen. fand das alles sehr schwierig.

Daß sein ältester Sohn einen ausgedehnten Kreis von Mädchenbekanntschaften hatte, störte ihn offenbar nicht, solange es die schulischen Leistungen des Jungen nicht beeinträchtigte. Vielleicht schmeichelte es den Pastor sogar, denn unter Martins Freundinnen befanden sich Erbtöchter aus den besten schwarzen Familien des Viertels, Rose, Tochter des steinreichen Vizepräsidenten der Atlanta-Lebensversicherungsgesellschaft, Betty, deren Vater Direktor des Citizens' Trust war, Juanita, die Tochter des führenden Bestattungsunternehmens der Stadt, Mattawilda, eine spätere Opernsopranistin. Martin Luther King sen. sah seinen Lieblingssohn schon so gut wie verlobt mit einer der High-Society-Schönen und sich selbst am Ziel aller Kindheitsträume. Seine Familie hatte es geschafft, die soziale Leiter bis nach oben zu steigen. Und als Martin mit siebzehn Jahren seiner Mutter eröffnete, er habe es sich überlegt und wolle nun doch Pastor werden, kannte Daddys Freude keine Grenzen. Allerdings konnte sich niemand den plötzlichen Umschwung des Jungen erklären, und Martin selbst mochte offenbar nicht darüber sprechen. Er, der Redner, war, was seine Privatperson betraf, immer ein Schweiger.

Der Vater bot ihm an, im Gemeindesaal eine Probepredigt zu halten. Aber als sich herumsprach, der junge King werde sonntags den Gottesdienst halten, strömten so viele Leute herbei, daß die Gemeinde in die Hauptkirche umziehen mußte. Die Predigt wurde zum großen Erfolg. Martin, öffentliches Auftreten gewohnt, als Redner geübt, hatte seine Bibel im Kopf und fesselte seine Zuhörer mit seiner warmen, leicht singenden Baritonstimme. Schon Monate später wurde er im Alter von achtzehn Jahren zum Prediger geweiht und trat die Stelle eines Hilfspredigers an der Ebenezer-Kirche an.

Zweifellos hat Martin aufrichtig an seine Berufung geglaubt. Während der Sommerferien übernahm er den ganzen Predigtdienst, besuchte Kranke, beerdigte die Toten und arbeitete in den Ausschüssen der Gemeinde. Sie akzeptierte den jungen Prediger. Es muß für Martin eine überwältigende Erfahrung gewesen sein zu erleben, wie die Leute zu ihm in die Kirche drängten, an seinen Lippen hingen und die andächtigen Augen der Zuhörer ihm bestätigten, daß Gott ihn zu seinem Dienst ausersehen hatte und gebrauchte. Sein Doppelvorname wurde in solchen Augenblicken zum Siegel seiner Berufung.

Coretta, seine spätere Frau, schreibt über diese Zeit: »Sein Charakter scheint sich damals gewandelt zu haben. Eine ganze Weile ging er nicht mehr mit Mädchen aus und besuchte keine Tanzveranstaltungen. Er blieb meist in seinem Zimmer, betete und las in der Bibel. Er hatte wohl das Gefühl, er müsse sich läutern.« Es fällt Martin allerdings nicht leicht, das Spiegelbild seines Ideal-Ichs

darzustellen. Die Religion löst zwar das Problem seiner Hautfarbe, doch nicht das Problem des Mannes, der in einer schwarzen Haut steckt. Bald zieht es den jungen Hilfsprediger wieder ins »swinging Atlanta«, zurück in den Kreis seiner Verehrerinnen. Aber diesmal kennt Daddy keinen Pardon. Die Moral der Baptisten ist streng, und ein Geistlicher darf sich schon gar keine Extravaganzen leisten. King sen. läßt Martin vor versammelter Gemeinde aufstehen und sich für seinen losen Lebenswandel entschuldigen.
Der junge Mann tut es willfährig, wahrscheinlich sogar in dem Gefühl, die öffentliche Selbstdemütigung nicht nur der Gemeinde, sondern auch sich selbst schuldig zu sein.
Ein Psychologe hätte dem zerknirschten Prediger vielleicht klarmachen können, daß er an einer alten Erblast trägt. Martin sitzt der Straf- und Rachegott der Pilgerväter im Nacken, das erdrückende Gewicht eines himmlischen Souveräns, »der die Missetat heimsucht« und dem es keiner recht machen kann. Selbstbestrafung, das Kreuz auf sich zu nehmen, »immer mehr wie Jesus sein«, Selbstverkleinerung ist der Ausweg, der Martin bleibt, um sich vor dem da oben in Sicherheit zu bringen. Martin leidet. Aber um das krankmachende Gottesbild der Leistungsgesellschaft zu hinterfragen, müßte er zugleich die Erfolgsideologie seiner Nation in Frage stellen. Solche Perspektiven gibt seine Buchstabengläubigkeit nicht her. Trotzdem, ein Unbehagen bleibt. Und es ist stark genug, daß Martin sich entschließt, der Theologie auf den Grund zu gehen. Er möchte sie an der Universität studieren.
Nach Abschluß des Morehouse-College teilt er den Eltern seinen Entschluß mit. Daddy zögert, seine Zustimmung zu geben. Die Eltern machen sich Sorgen darüber, wie sich die Umwelt des Nordens auf ihn auswirken würde, und schließlich hatte der Vater seine Bildung ja auch nur mit dem College abgeschlossen, und es war doch etwas aus ihm geworden. Aber Martin kann sich durchsetzen. Die Eltern lassen ihn ziehen. Immerhin ist ein Akademiker in einer Familie, deren Großeltern noch Sklaven waren, eine Auszeichnung.
Mit neunzehn Jahren läßt sich Martin Luther King an der Crozer-Universität in Chester, Pennsylvania einschreiben. Martin ist jetzt 1,70 Meter groß, 77 Kilo schwer, seine Oberlippe ziert ein messer-

scharf ausrasierter Schnurrbartwinkel. Er trägt weiche, breitrandige Hüte, exquisite Anzüge, handgefertigte Hemden und Schuhe, und er hat seine Krawattensammlung um ein paar Prachtstücke erweitert. Das erste Studienjahr ist Martin gut im Gedächtnis geblieben, nicht zuletzt deswegen, weil ihm hinterher bewußt wurde, wie verkrampft er sich damals aufgeführt hatte: »Ich hatte ständig das typische weiße Negerbild vor Augen, wonach ein Neger dauernd zu spät kommt, lärmt und ständig lacht, dreckig und ungepflegt ist, und ich habe mich eine Weile schrecklich angestrengt, anders als das Klischee zu sein. Wenn ich nur eine Minute zu spät in die Vorlesung kam, war es mir ungeheuer peinlich, und ich war sicher, daß alle es bemerkt hatten. Ich fürchte, damals habe ich einen gräßlich sturen Eindruck gemacht. Aber es war mir lieber, als daß man in mir den ständig grinsenden Neger sah.« Der Student der Theologie wohnt mit fünf anderen Schwarzen und neunundvierzig Weißen im Internat. Rassistische Vorurteile kannte man in Crozer scheinbar nicht.
Martin studierte hart, paukte, büffelte und schloß jedes Semester der drei Jahre Crozer mit Bestnoten ab. Eine Erleuchtung allerdings brachte ihm das Studium nicht. Das aber ist nicht ihm, sondern dem damaligen Zustand der theologischen Fakultäten in den USA zuzuschreiben. Sie erreichen, an europäischen Standards gemessen, kein angemessenes Wissenschaftsniveau. Luther, Martins Namensvorbild, hatte, ausgerüstet mit griechischer und hebräischer Grammatik, die biblische Überlieferung bis ans Urgestein aufgebohrt, die Mauern der mittelalterlichen Gesellschaft erschüttert und damit der Freiheit eines Christenmenschen Raum geschaffen. Ein ähnliches Durchbruchserlebnis blieb dem Pastorensohn aus Atlanta bei seiner Beschäftigung mit der Bibel versagt. Weder er noch seine Kommilitonen verfügten über die Sprachkenntnisse, alte oder neusprachliche Texte außerhalb des Englischen im Original zu lesen. In den Vorlesungen fielen zwar Begriffe wie »Entmythologisierung« oder »dialektische Theologie«, und die Studenten wurden angehalten, Hegel, Marx, Feuerbach zu diskutieren, sich mit Heidegger oder Camus zu beschäftigen, doch zu einer vertieften Auseinandersetzung geriet das alles nicht, weil man sich in der Regel mit Handbuchwissen begnügte. Wenn Martin Luther King

später schreibt, er habe sich in Crozer mit sozialethischen Theorien »von Plato und Aristoteles bis zu Rousseau, Hobbes, Bentham, Mill und Locke« beschäftigt und auseinandergesetzt, muß man das mit den entsprechenden Vorbehalten zur Kenntnis nehmen. Erst recht die Angabe, er habe in seiner Studienzeit *Das Kapital* von Marx, ein schon für den deutschsprachigen Leser kniffeliges Unternehmen, »sorgfältig studiert und geprüft.«

Das alles konnte Crozer nicht leisten.

Wirklichen Gewinn brachte Martin die Lektüre von Rauschenbusch. Walter Rauschenbusch, ein Deutschamerikaner, hatte vor der Jahrhundertwende als Pastor in den New Yorker Hafenslums gearbeitet und war später zum engagierten Sprecher des »Religiösen Sozialismus« in den Vereinigten Staaten geworden. Von seinem Buch *Die Christen und die soziale Krise* war Martin tief beeindruckt. »Seit ich Rauschenbusch gelesen habe«, stellte er später rückblickend fest, »bin ich überzeugt, daß jede Religion, die angeblich um die Seelen der Menschen besorgt ist, sich aber nicht um die sozialen und wirtschaftlichen Verhältnisse kümmert, die der Seele schaden, geistlich gesehen schon vom Tode gezeichnet ist und nur auf den Tag des Begräbnisses wartet.«

In seiner Studienzeit begegnet dem jungen Theologen zum erstenmal der Name Gandhis. Der gewaltlose Marschierer war 1948 in Neu-Delhi auf offener Straße von einem Attentäter niedergeschossen worden. Gandhi hatte mit den Mitteln gewaltlosen Widerstands der englischen Kolonialmacht die Stirn geboten, und es war ihm nach jahrzehntelangem Kampf gelungen, seinem Volk die Unabhängigkeit zu erringen. Die Bilder des kahlköpfigen kleinen Mannes, der sagte, daß »die Erde genug bietet, um das Bedürfnis jedes Menschen zu befriedigen, nicht aber seine Habsucht«, gingen um die Welt. Man sah Gandhi am Spinnrad, man sah ihn an der Spitze von Demonstranten protestieren und für seine pazifistische Überzeugung im Hungerstreik sitzen. Bereits zu Lebzeiten war er zur Legende geworden, und sein Tod machte ihn zum Idol. Der Pazifismus des Inders vermittelte Martin während des Studiums entscheidende Denkanstöße, doch die Idee, Gandhis Methoden zum Kampfmittel der Schwarzamerikaner zu machen, lag ihm noch fern.

Mit 21 Jahren gerät Martin in eine tragisch-romantische Situation. Er verliebt sich in ein weißes Mädchen. Sie ist die Tochter des Grundstücksverwalters von Crozer. Das Mädchen erliegt dem Charme des Südstaatlers, und diesmal ist es auch Martin ernst. Er will heiraten. Die beiden sitzen in den schwarzen Cafés der Stadt, gehen zusammen aus, tanzen Wange an Wange und schlendern Hand in Hand durch die Einkaufspassagen. Obwohl man sich in Crozer farbenblind, tolerant und aufgeschlossen gibt, erregt ein schwarz-weißes Paar öffentliches Aufsehen. In 30 der 48 Staaten Amerikas sind zu jener Zeit »Mischehen« gesetzlich verboten, und erst 1967 erklärt der Oberste Gerichtshof die einschlägigen Segregationsbestimmungen für verfassungswidrig. Besorgte schwarze Freunde informieren den Leiter der Universität, Pastor Barbour, und der zitiert die beiden zu sich. »Ich bin froh, daß Sie die Sache herausgefunden haben«, sagt Martin. »Denn wir wollten Sie bitten, uns zu trauen.« Barbour ist entsetzt. Die jungen Leute sind ihm sympathisch, und er spürt, wie wichtig den beiden ihre Beziehung ist. Aber er redet auf sie ein, macht ihnen klar, was für Konsequenzen ihr Schritt haben werde, lebenslängliche Diskriminierung, soziale Ächtung und für Martin das Ende einer vielversprechenden Karriere. Sie senken den Kopf und beschließen, sich zu trennen. Ein paar Monate darauf verläßt das Mädchen mit ihren Eltern die Stadt.
Martin ist die bittere Erfahrung lange nachgegangen. Im intimen Kreis hat er die Geschichte auch nach Jahren immer wieder erzählt, alle seine Freunde kannten sie. Nach diesem Vorfall hadert er noch mehr mit seiner schwarzen Haut, dem Gefängnis seiner Rasse, und sein Verhältnis zu schwarzen Frauen bleibt zeitlebens gestört. John A. Williams, einer seiner ersten schwarzen Biographen, führt den Ausspruch einer hellhäutigen Negerfreundin des Pastors an: »Martin hat oft gesagt, er sei bereit, für die Schwarzen zu kämpfen und zu sterben, er könne aber ums Verplatzen an einer Schwarzen nichts Schönes finden!« Das Zitat beleuchtet schlagartig Martins enorme Schwierigkeiten mit sich selbst.

Ende der vierziger Jahre geht in den USA die Konjunktur zum erstenmal seit Kriegsende wieder zurück. Die Arbeitslosenzahl steigt auf viereinhalb Millionen. Einzig die elektronische Industrie

hat Zuwachsraten vorzuweisen. 1951 stehen bereits fünfzehn Millionen Fernsehempfänger in den Wohnungen. Kinseys Bücher *Das sexuelle Verhalten des Mannes* (1948) und *Das sexuelle Verhalten der Frau* (1953) erscheinen. Kinseys Untersuchungen gelten bis heute als Standardwerke der sexualwissenschaftlichen Forschung. Sie zeigen die andere Seite der Verdrängungsmoral, Sexbesessenheit aus Mangel an Befriedigung, die weite Verbreitung von exhibitionistischen Phantasien, sodomitischer Praktiken und perversem Kindersex. Das puritanische Amerika reagiert mit Schmähungen und eröffnet ein Kesseltreiben gegen Kinsey und seine Mitarbeiter. Parallel dazu – 1950 bis 1954 – geht der republikanische Senator Joseph McCarthy in den Staaten auf Kommunistenjagd. Der Kongreß richtet eine Behörde zur Überwachung der US-Bürger ein, Zehntausende von Regierungsangestellten müssen sich vor Untersuchungsausschüssen verantworten, Bürgerrechtler werden der umstürzlerischen Betätigung beschuldigt, ausländische Besucher auf ihre Loyalität überprüft. Der Oberste Gerichtshof der Vereinigten Staaten untersagt in einem Grundsatzurteil, die Lehren von Marx und Lenin öffentlich abzuhandeln.
1949 verlieren die USA ihr Nuklearmonopol. Rußland hat seine erste Atombombe gezündet, und die USA überkommt Panik. Ethel und Julius Rosenberg, zwei Physiker, werden der Atomspionage für die Sowjetunion beschuldigt, vor Gericht gestellt und auf Grund eines zweifelhaften Indizienprozesses verurteilt. Sie verbrennen auf dem elektrischen Stuhl von Sing-Sing. Der kalte Krieg eskaliert. Der *Reader's Digest* bombardiert seine Leser mit hysterischen Schlagzeilen: »Ist der Krieg mit Rußland noch zu vermeiden? – Der militärische Schlüssel zum Überleben – Verbietet die Kommunisten! – Warum Rußland jetzt noch keinen Krieg riskiert – Stalins Ziele morgen – Das FBI braucht deine Hilfe.«
Die USA ergreifen offen Partei im koreanischen Bürgerkrieg und entsenden Truppen in den Süden der Halbinsel. Als der »begrenzte Konflikt« sich in die Länge zieht, fordert ein Parlamentarier die Regierung auf, Nordkoreas Städte mit Atombomben zu belegen. Das Repräsentantenhaus klatscht Beifall. Der Präsident lehnt ab, befiehlt aber eine massive Verstärkung der Bomberflotte. Napalm ergießt sich über koreanische Dörfer. Der Chef des Bomberkom-

mandos erklärt auf einer Pressekonferenz: »Ich würde sagen, daß die ganze, fast die ganze Halbinsel Korea ein einziger großer Schutthaufen ist. Alles ist zerstört. Es gibt in Korea keine Ziele mehr.« Die Rüstungsindustrie läuft wieder auf Hochtouren. Die Arbeitslosenzahlen sinken, das Bruttosozialprodukt steigt. 1952 bringen die USA ihre erste Wasserstoffbombe zur Explosion. 1953 tritt General Eisenhower als 34. Präsident der USA sein Amt an, im gleichen Jahr wird in Korea ein Waffenstillstandsabkommen unterzeichnet.

Vor diesem gesellschaftlichen Hintergrund, der ihn zu dieser Zeit wohl kaum berührt haben dürfte, erwirbt Martin Luther King im Juni 1951 sein Abschlußdiplom an der Crozer-Universität. Er schließt sein Studium als Jahrgangsbester ab, wird mit einem Preis ausgezeichnet und erhält ein Dissertationsstipendium von 1200 Dollar. Seine Eltern schenken ihm einen grünen Chevrolet.

Martin wechselt nach Boston über, läßt sich an der dortigen Universität und im benachbarten Harvard, den beiden führenden Elitehochschulen der Staaten, in der philosophischen Fakultät einschreiben und setzt sich an seine Doktorarbeit. In Boston begegnet er Coretta, seiner späteren Frau, die dort Musik studiert. Die dunkelhäutige junge Frau aus Alabama ist emanzipiert, intelligent, hübsch und von Martin angetan. Aber seine charmante Südstaatentour verfängt bei ihr nicht, der Doktorand muß sich um sie bemühen. Er lädt sie in sein Apartment ein, das er mit einem Freund teilt, und beweist, daß er zu kochen und backen versteht, Soul-Food und frische Maisfladen. Martin begleitet Coretta auf Parties, diskutiert mit ihr seine Doktorarbeit, und Coretta sitzt unter seiner Kanzel im Gottesdienst. Sie ist tief beeindruckt von ihm. »Zweifellos war er damals der begehrenswerteste junge Neger von ganz Boston«, erinnert sie sich.

Martin sprach von Heirat, Coretta zögerte. Sie müsse sich das alles erst noch überlegen, jedenfalls wolle sie zunächst einmal fertig studieren.

Martin gab sich dennoch zuversichtlich; er sah in Coretta bereits seine künftige Frau, warb beharrlich weiter um sie – und begann die spröde Studentin, die bisher keine große Mühe auf ihr Äußeres verwandt hatte, in seinem Sinn zu beeinflussen. Hatte sie vergessen, Make-up aufzutragen, meinte er beiläufig: »Du siehst mit Lippenstift so hübsch aus.« Oder: »Vielleicht möchtest du auf die Toilette gehen und dich kämmen.« Er blieb vor Modegeschäften stehen und fragte: »Warum kaufst du dir nicht den hübschen roten Mantel?« Kurzum, er benahm sich wie ein echter Südstaaten-Gentleman, der seine Frau am Arm nimmt und ihr zum zweitenmal das Laufen beibringt. Irgendwann konnte Coretta nicht mehr zurück und willigte ein, ihn zu heiraten.

Daddy King hatte von Martins neuer Freundin munkeln gehört, und es gefiel ihm nicht. Er verband eine Vorstandssitzung in New York mit einem Abstecher nach Boston und stand mit Alberta plötzlich in Martins Apartment. Es kam zu einer gereizten Auseinandersetzung. In den Augen des Vaters ist der Junge an eins der High-Society-Mädchen von Atlanta schon so gut wie vergeben. Er belehrt Coretta, daß Martin mit Töchtern aus bester Familie verkehrt habe, und fügt unverblümt hinzu: »Diese Mädchen haben eine Menge zu bieten.« Die junge Frau ist empört und erwidert spitz: »Auch ich habe etwas zu bieten.« Martin, schreibt Coretta, hatte die ganze Zeit über kein Wort gesagt. »Er saß nur da und grinste wie ein verlegener Schuljunge.« Dann stand er auf, ging zu seiner Mutter, die in der Küche wirtschaftete, und teilte ihr seinen Entschluß mit: »Ich werde Coretta heiraten.« Und dabei blieb er. Der Vater mußte zurückstecken. Am 17. Juni 1953 traute er die beiden. Die Hochzeit wurde bei Corettas Eltern in Alabama gefeiert. Eine Hotelunterkunft für das junge schwarze Paar wäre im ganzen Staat Alabama wohl schwerlich aufzutreiben gewesen. So setzten sich die beiden nach der Feier in den grünen Chevy, fuhren in die nächste Stadt und verbrachten ihre Hochzeitsnacht bei Bekannten von Corettas Familie, einem Leichenbestatter.

1954–1957
Busstreik von Montgomery

»Ich hatte den Protest weder begonnen noch vorgeschlagen. Ich reagierte einfach auf den Ruf des Volkes nach einem Wortführer.«

Im Frühsommer 1954 schließt Coretta ihr Studium in Boston ab. Das Ehepaar verläßt die Universität und wohnt zunächst in Atlanta. Martin hat seine Doktorarbeit in der Rohfassung fertig, einen Wälzer von 350 Seiten, den seine Frau nächtelang in die Maschine tippt. Kings Arbeit setzt sich mit neueren theologischen Ansätzen auseinander und diskutiert deren Gottesverständnis. Die Dissertation beweist das handwerkliche Geschick ihres Autors und belegt Martins umfangreiches Wissen. Trotzdem leistet die Studie keine kreative Auseinandersetzung mit der Moderne, sondern bleibt eher an traditionellen Allgemeinplätzen hängen. Sie kommt zu dem Ergebnis, die Theologie könne auf die Vorstellung eines persönlichen Gottes nicht verzichten, der über allem steht und den Menschen persönlich zur Rechenschaft zieht. Damit ist der junge Doktor nach langen Umwegen wieder beim Glaubensbekenntnis der Pilgerväter angekommen. Martin hat sich fünf Jahre im Kreis bewegt.

Aber ein Studienabschluß der renommierten Bostoner Universität ist eine außerordentliche Auszeichnung. Von verschiedenen Seiten erhält der junge Theologe verlockende Stellenangebote. Sein Vater hätte ihn natürlich am liebsten in Atlanta behalten. Dort wartet die Stelle eines zweiten Predigers an der Ebenezer-Kirche auf ihn. Das aber wäre das letzte, wonach ihm jetzt der Sinn stünde. Er ist endlich ein Mann eigenen Rechts. Dennoch zieht es Martin und Coretta in den Süden zurück.

Die Gemeinde der Dexter-Kirche von Montgomery, dem Regierungssitz des Staates Alabama, lädt ihn zu einer Probepredigt ein. Martin setzte sich hinters Steuer und fuhr hinüber in die 250 Kilometer südlich von Atlanta gelegene Stadt. Unterwegs fragte er sich: »Wie könnte ich den besten Eindruck auf die Gemeinde machen? Die Mitglieder waren gebildet und intelligent. Sollte ich etwa versuchen, ihnen mit einer gelehrten Predigt zu imponieren? Oder sollte ich, wie ich es bisher immer gehalten hatte, in der Abhängigkeit von Gottes Geist und unter seiner Eingebung predigen? Ich entschloß mich, das letztere zu tun. Ich sagte mir: Halte dich im Hintergrund, Martin Luther King, und stelle Gott in den Vordergrund, dann wird alles richtig werden. Denke daran, daß du nur ein Kanal der Wahrheit bist und nicht die Quelle.«

Am Sonntag steht er auf der Kanzel in Dexter und hält vor einer großen Zuhörerschaft seine Predigt »Von den drei Dimensionen eines vollkommenen Lebens«. Es ist eine seiner liebsten Ansprachen, die er bereits verschiedentlich mit Erfolg vorgetragen hat. Einen Monat darauf erhält er seine Ernennung. Die Dexter-Gemeinde hat Martin Luther King jr. einstimmig zu ihrem neuen Pastor gewählt. Am 1. September 1954 bezieht das junge Pastorenehepaar ihr weißes, siebenräumiges Holzhaus in der South Jackson Street, mitten im Negerviertel von Montgomery.

Die Dexter-Kirche, ein roter Backsteinbau mit weißem Türmchen, steht nicht unweit vom Regierungsgebäude. Der Bundesstaat Alabama, halb so groß wie die Fläche der Bundesrepublik, zählt gegen drei Millionen Einwohner.

Eine demokratische Legitimation im Sinne Lincolns konnte der »Baumwoll-Staat« trotz sogenannter freier Wahlen kaum für sich in Anspruch nehmen. In Alabama entschied die Hautfarbe über das Stimmrecht, und Demokratie praktizierten die gesetzgebenden Körperschaften als Herrschaft von Weißen, durch Weiße und für die Weißen. Farbige stellten beinahe die Hälfte der Staatsbevölkerung, aber unter den 141 Abgeordneten der beiden Häuser des Parlaments fand sich kein einziger Schwarzer. In Montgomery lagen die Verhältnisse nicht anders.

Von ihren 120000 Einwohnern waren fünfzigtausend Schwarze, doch in der Kommunalvertretung und in der städtischen Verwaltung erblickte man kein schwarzes Gesicht. Die »Jim Crow«-Gesetze des Südens garantierten auf allen Entscheidungsebenen lilienweiße Politik.

Die Dexter-Gemeinde, die kleinste unter den Negerkirchen der Stadt, ist gerade dreihundert Mitglieder stark. Doch sie repräsentieren Montgomerys schwarze Oberschicht. Es sind Intellektuelle und Leute mit Spitzeneinkommen, die sogenannte »Seidenstrumpfklasse«. Allzu glücklich ist Martin über die elitäre Zusammensetzung nicht. Er denkt an Rauschenbusch, sein großes Vorbild, der in den Slums gearbeitet hatte, und fragt sich, wie er seine Gemeinde für Sozialarbeit interessieren kann. Er tritt der NAACP-Ortsgruppe bei, der traditionsreichen »Nationalen Vereinigung für die Förderung der Farbigen«, schließt Bekanntschaft mit deren Vorsitzenden, dem Schlafwagenschaffner E. D. Nixon, und gründet in Dexter ein »sozialpolitisches Aktionskomitee«.

In dem Pastor der First Baptist Church, Ralph Abernathy, findet er schnell einen Freund. Ralph kennt die Verhältnisse in Alabama. Er kommt vom flachen Land und redet die Sprache der kleinen Leute. Seine Gottesdienste sind direkt und spontan, mit viel Halleluja-Jubel, »Preist den Herrn«, rockendem Orgelswing, Soul-Power und ekstatischen Zwischenrufen »Los, Prediger, sag, wie's ist!« Coretta und Martin sitzen oft bei den Abernathys. Die junge Pfarrfrau hat die Hände überm Bauch gefaltet; seit dem Frühjahr 1955 weiß Coretta, daß sie schwanger ist.

»Natürlich soll es ein Junge werden«, sagt Martin. »Mein Sohn soll Martin Luther King III. heißen.«

Das Baby kommt am 17. November zur Welt und ist ein Mädchen. Coretta kann sich bei der Namenswahl durchsetzen. Sie nennt ihr Baby Yolanda Denise. Martin hätte gern einen weniger abgehobenen Namen für die Tochter; schließlich wird das Mädchen kurz Yoki genannt.

Inzwischen hat Martin Luther King seine Dissertation abgeschlossen und wird in Boston promoviert. Er ist jetzt sechsundzwanzig. Seine melodisch tiefe Stimme flößt Vertrauen ein, aber einen ausgewachsenen Eindruck macht er noch nicht. »Dieser kleine Junge soll mein Pastor sein?« verwundert sich eine Frau, als ihr Martin vorgestellt wird. »Er sieht so aus, als gehöre er heim zu seiner Mama.«

Den jungen Prediger, der auch später nie ganz erwachsen werden will, irritiert das nicht. Er zieht auf die eine oder andere Art Frauen magnetisch an und genießt es.

Der 1. Dezember 1955 ist das historische Datum der schwarzamerikanischen Unabhängigkeitserklärung. Das Datum setzt eine Frau,

Mrs. Rosa Parks, wohnhaft in Montgomery. An diesem Tag, es ist ein Donnerstagnachmittag, steigt Rosa Parks in einen städtischen Linienbus, folgt dem Hinweisschild FARBIGE und setzt sich in die fünfte Reihe links hinter die für weiße Fahrgäste reservierten Sitzreihen. Es ist dunkel, kalt, der Verkehr fließt langsam. Das Weihnachtsgeschäft ist im vollen Gang. Rosa Parks ist müde, sie hat einen langen Arbeitstag hinter sich. Der Bus füllt sich. »Macht den weißen Herrschaften Platz«, ruft der Busfahrer. Im Farbigenteil stehen drei Schwarze auf und suchen sich einen Stehplatz. Rosa Parks bleibt sitzen. Der Fahrer mustert die Frau, er kennt sie nicht. Sie ist mittleren Alters, adrett gekleidet, trägt eine randlose Brille, und die Augen dahinter sind aufmerksam und ruhig. Betrunken ist die Frau offenbar nicht. »Komm, steh schon auf«, sagt der Fahrer und deutet auf ihren Platz. Rosa Parks schüttelt den Kopf. »Nein«, sagt sie, »ich bleibe.« Sie hat die Einkaufstasche auf dem Schoß, ihr tun die Füße weh, und sie läßt es drauf ankommen. Rosa Parks ist Näherin, eine Zeitlang hat sie Büroarbeiten für die NAACP erledigt und weiß, daß sie jetzt nicht laut werden darf, sonst gibt sie dem Fahrer einen Vorwand, sie vor die Tür zu befördern. Der zuckt die Schultern, steigt aus und sieht sich nach einem Polizisten um. Im Bus ist es still geworden. Rosa Parks wartet. Endlich erscheint der Fahrer mit zwei uniformierten Beamten. Sie greifen die Frau und ziehen sie von ihrem Sitz. »Was wollen Sie mit mir?« fragt Rosa Parks immer noch ruhig. Die Polizisten stoßen sie vorwärts. Rosa Parks wehrt sich nicht und läßt auch keine Schimpfkanonade los. Dann steht sie auf der Straße. Der Fahrer ist froh, daß sich der Vorfall ohne Radauszene erledigt hat. Er löst die Bremse und bugsiert den Bus aus der Parkbucht, er hat Fahrzeit aufzuholen. Die Uniformierten bringen Rosa Parks auf die Polizeiwache. Der diensthabende Beamte füllt ein Haftformular aus. Rosa Parks wird beschuldigt, die Verkehrsvorschriften übertreten zu haben. Bis zur gerichtlichen Verhandlung des Falls kann sie auf freiem Fuß bleiben, wenn sie eine Kautionssumme hinterlegt. Rosa Parks bedauert höflich. Sie habe nicht genügend Geld dabei, ob sie telefonieren dürfe? Der Offizier deutet auf den Apparat, und Rosa Parks ruft im Büro der NAACP an, verlangt den Vorsitzenden E. D. Nixon zu sprechen.

»Nixon ist unterwegs im Dienst«, teilt ihr die Sekretärin mit. »Aber er wird noch vorbeischauen. Soll ich eine Nachricht hinterlassen?« Als Nixon spätabends ins Büro kommt, findet er den Zettel. Er kennt Rosa Parks, wählt die Nummer der Polizeiwache, um die Einzelheiten zu erfahren. Die Schicht am Wachtisch hat gewechselt, und dem jungen Beamten sagt Nixons Name nichts. »Das geht Sie einen Dreck an«, fertigt er den Anrufer ab. Nixon sieht das anders. Er setzt sich ins Auto, begibt sich ins Revier, hinterlegt Kaution und fährt Rosa Parks nach Hause. Unterwegs läßt er sich den Vorfall schildern und ist plötzlich hellwach. Wäre Rosa Parks wegen »ungebührlichen Benehmens« festgenommen worden, könnte er nicht viel für sie tun. Aber so handelt es sich um einen klaren Fall von Rassendiskriminierung, und das gibt dem Vorsitzenden der NAACP die Möglichkeit, der Frau Rechtshilfe zu geben.

Noch in der Nacht ruft Nixon die Vorsitzende des »Politischen Frauenrats« von Montgomery, Jo Ann Robinson, an. Die ist wie elektrisiert. Auf so einen Fall hat ihre Organisation schon lange gewartet. Sie schlägt Nixon vor, die Farbigen aufzurufen, aus Protest gegen ihre diskriminierende Behandlung das Busunternehmen zu bestreiken. Der »Politische Frauenrat« mit seinen zweihundert Mitgliedern hat schon einiges durchsetzen können: Jo Ann brachte die weißen Geschäftsleute der Stadt dazu, ihre Trinkwasserfontänen zu desegregieren und ihre schwarzen Kundinnen mit »Miss« und »Mrs.« anzureden. Ihr jüngster Vorstoß beim städtischen Park- und Freizeitamt, gleichwertige Erholungseinrichtungen für beide Rassen zu schaffen, ist erst ein paar Monate alt. Die Idee, gegen die Segregationsbestimmungen der öffentlichen Verkehrsbetriebe vorzugehen, ist eins der meistdiskutierten Projekte des Frauenrats. Theodore Jemison, ein schwarzer Pastor, hatte bereits 1953 in Baton Rouge bei New Orleans einen erfolgreichen Busstreik organisiert, und warum sollte das nicht auch in Montgomery möglich sein? Jo Ann Robinson bleibt weiter am Telefon, informiert die anderen Mitglieder des Frauenrats und faßt bereits konkrete Pläne.

Am nächsten Morgen setzt sich Nixon mit den beiden Pastoren Ralph Abernathy und Martin Luther King in Verbindung, informiert sie, erzählt von den Plänen des Frauenrats und fragt, ob er mit ihrer Unterstützung rechnen könne. Martin ist noch verschlafen, die Uhr zeigt erst fünf. Er zögert und meint schließlich: »Bruder Nixon, ich muß erst darüber nachdenken, rufen Sie mich zurück.« Nixon, verärgert über Kings Unentschlossenheit, drängt: »Wir haben uns das alles schon viel zu lang bieten lassen, ich glaube, die Zeit ist reif. Es ist Zeit, daß wir jetzt die Busse boykottieren. Nur so können wir den Weißen klarmachen, daß wir uns eine solche Behandlung nicht länger gefallen lassen.«

Dreißig, vierzig Minuten lang gehen die Anrufe zwischen Martin, Ralph und Nixon hin und her, bis sich die Männer einig sind. Nixon schlägt vor, die schwarzen Pastoren und sonstige einflußreiche Persönlichkeiten der Negergemeinden zusammenzurufen und mit ihnen die Sache weiter durchzusprechen. Martin bietet die Dexter-Kirche als Treffpunkt an, und die Telefonkette geht weiter.

Der Frauenrat traf inzwischen schon seine Vorbereitungen. Jo Ann, Lehrerin am staatlichen College, kannte ihre Pastoren und glaubte, es könne nicht schaden, den Geistlichen nachzuhelfen. Sie hatte Matrizen vorbereitet, blieb mittags in der Schule und setzte die Druckmaschine in Gang. Bereits am frühen Nachmittag waren 40000 Flugblätter in Kneipen, Frisörsalons, Geschäften, Billardsälen und auf den Straßen des schwarzen Viertels verteilt. Der Streikaufruf lautete:

»Fahrt am Montag, den 5. Dezember, nicht mit dem Bus zur Arbeit, in die Stadt, zur Schule oder sonstwohin!

Wieder ist eine Negerfrau verhaftet und ins Gefängnis gesteckt worden, weil sie ihren Busplatz nicht räumen wollte!

Fahrt am Montag nicht mit dem Bus zur Arbeit, in die Stadt, zur Schule oder sonstwohin. Wenn ihr zur Arbeit müßt, nehmt ein Taxi, macht eine Fahrgemeinschaft oder lauft zu Fuß!

Kommt Montagabend um 7 Uhr zur Massenkundgebung in die Holt Street Baptist Church und holt euch weitere Instruktionen!«

Nixon ließ seine Beziehungen zum *Montgomery Adviser,* der örtlichen Tageszeitung, spielen und sagte dem Reporter: »Hier haben Sie eine Chance, etwas für die Neger zu tun. Wenn Sie versprechen, die Sache in der Sonntagsausgabe groß herauszubringen, gebe ich Ihnen einen heißen Tip.«

Die Frauen waren mit ihrer Initiative den Ereignissen bereits weit vorausgeeilt. Noch ehe sich die Sprecher der schwarzen Gemeinden abends in der Dexter-Kirche trafen, hatte Jo Anns Flugblattaktion schon fertige Tatsachen geschaffen. Der Streikaufruf war heraus. Die Versammlung in Martins Kirche begann mit einem Tumult und drohte dann in einem endlosen Palaver zu enden. King, der jüngste unter den Anwesenden und ein Neuling in der Stadt, hielt sich zurück. Jo Ann stöhnte über die Prediger: »Die verstehen sich auf nichts als zu predigen und ihre Gehälter anzuheben.«
Man diskutierte, ob eine genügend hohe Streikbereitschaft gewährleistet wäre, wie die Leute pünktlich an ihre Arbeitsplätze kämen, und man wollte wissen, was der Frauenrat über einen länger befristeten Streik dachte. Jo Ann Robinson erklärte geduldig – ohne die Pastoren lief schließlich nichts. Allein die Kirchen verfügten über die organisatorischen Mittel, möglichst viele Schwarze zu erreichen und zu mobilisieren.
Erst vor Mitternacht kam die Runde zu praktischen Beschlüssen. Man wollte die Negertaxigesellschaften dafür gewinnen, die Busbestreiker zum Tarif der Verkehrsgesellschaft zu befördern; die Pastoren versprachen, im Sonntagsgottesdienst für den Boykott zu werben; und man wollte den Streikaufruf des Frauenrats in den einzelnen Gemeinden nachdrucken. Die Gesprächsteilnehmer trennten sich mit einer neuen Terminabsprache. Man einigte sich auf den kommenden Montag, um die geplante abendliche Protestkundgebung in der Holt Street Baptist Church vorzubereiten.
Die Sonntagsausgabe des *Montgomery Adviser,* die morgens in den Briefkästen steckte, brachte die Ankündigung des Busstreiks auf der Titelseite. Die Weißen der Stadt zuckten die Schultern, als sie den Artikel überflogen. Erstens betraf sie der Boykott nicht, zweitens war die Angelegenheit eine Sache der Stadtverwaltung, und drittens traute niemand den Farbigen genug Stehvermögen und Organisationstalent zu, ihre Drohung wahrzumachen. Inzwischen waren die meisten Schwarzen schon informiert. Die Kirchen verzeichneten einen Massenansturm, und die schwarzen Pastoren ernteten Beifallsstürme.
Martin jedoch, der den Artikel im *Adviser* nach dem Gottesdienst las, wurde nachdenklich. Die Zeitung verglich den Boykottaufruf

mit den Praktiken der sogenannten »Weißen Bürgerräte«, die mit gezielten Aktionen versuchten, die schwarze Bevölkerung einzuschüchtern und vom gesellschaftlichen Leben auszuschließen. Weiße Selbstschutzorganisationen setzten Rundfunkstationen unter Druck und nötigten sie, »Bop- und Negermusik« aus dem Programm zu nehmen, beschuldigten schwarze Bürgerrechtler »kommunistischer Umtriebe« und paradierten zusammen mit dem Ku-Klux-Klan durch die Straßen. Diese Weißen Bürgerräte operierten erfolgreich. In Montgomery hatten sie beispielsweise unter Androhung von Boykottmaßnahmen erreicht, daß die Hotels der Stadt den Farbigen verschlossen blieben. Noch zehn Jahre nach dem Busstreik wies der Hotelplan nur eine einzige Unterkunftsmöglichkeit für Schwarze aus, dagegen fünf Häuser, die eine Mitunterbringung von Hunden anboten. Wollten, so fragte der *Montgomery Adviser,* die Schwarzen jetzt darangehen, Gleiches mit Gleichem, weißen mit schwarzem Rassismus zu vergelten?
Der Zeitungsartikel machte Martin betroffen. Ihm kamen plötzlich Bedenken. »Daß unsere Aktion mit den Boykottmethoden der Weißen Bürgerräte verglichen wurde«, schreibt King, »beunruhigte mich so, daß ich zum erstenmal ernsthaft über die Natur des Boykotts nachdenken mußte.« Hatte er sich zu weit vorgewagt? Konnte er ein weiteres Engagement mit seinem christlichen Gewissen vereinbaren? Eine Erinnerung tauchte auf. Martin ging an den Bücherschrank und holte Thoreaus Essay hervor: *Über die Pflicht zum Ungehorsam gegen den Staat.* Er blätterte in dem Buch. »Ich erinnerte mich, wie ergriffen ich gewesen war, als ich dieses Werk als Student zum ersten Male gelesen hatte. Ich kam zu der Überzeugung, daß das, was wir in Montgomery tun wollten, verwandt war mit dem, was Thoreau zum Ausdruck gebracht hatte. Wir erklärten den Weißen damit einfach: Wir können mit einem bösen System nicht länger zusammenarbeiten.« Beruhigt ging er abends zu Bett und stellte den Wecker früher als sonst. Ab morgen lief der Streik. Wie viele würden sich daran beteiligen? Er wettete mit Coretta und setzte auf sechzig Prozent.
Montag früh, den 5. Dezember, standen beide ab halb sechs am Fenster und spähten die Straße hinab. Der erste Bus kam und war leer, der zweite, eine Viertelstunde später, war ebenfalls unbesetzt.

Im dritten entdeckten sie zwei weiße Fahrgäste. Martin fiel seiner Frau in die Arme und jubelte, rannte zu seinem Wagen und fuhr kreuz und quer durch die Stadt. Überall bot sich das gleiche Bild. Die Schwarzen hatten sich geschlossen am Boykott beteiligt. An einem normalen Werktag benutzten sonst gegen 20000 Farbige zweimal täglich die Busse, aber an diesem Montag zählte man gerade zwölf schwarze Fahrgäste. Die schwarzen Taxifahrer hatten ihre Autos vollbeladen, Leute waren aufs Fahrrad gestiegen und radelten durch den dunklen Wintermorgen, ein paar Männer ritten sogar auf ihren Maultieren zur Arbeit. Schulkinder winkten den leeren Bussen zu, deren Fahrer mit eisigen Gesichtern hinterm Steuerrad hockten, und später tauchte motorisierte Polizei auf und eskortierte die Busse, angeblich, um die Fahrzeuge vor Krawallmachern zu schützen. Aber die gab es nur in der Phantasie des Magistrats, denn die Schwarzen machten aus dem Streik ein Volksfest.
Ein Fahrer öffnete einer alten Frau die Tür und forderte sie auf: »Komm, Oma, du brauchst nicht zu laufen!«
Die Frau schlurfte weiter und rief zurück: »Ich marschiere nicht für mich selbst. Ich gehe für meine Kinder und Enkel.«

Das Gerichtsverfahren gegen Rosa Parks war für neun Uhr angesetzt. Die Beklagte, wieder adrett gekleidet, die randlose Brille im zierlichen Gesicht, erschien in Begleitung eines schwarzen Anwalts der NAACP, unbeeindruckt von dem öffentlichen Interesse, das sie verursachte. Der Gerichtssaal war überfüllt, die Verhandlung verlief kurz und sachlich. Der Richter verurteilte Rosa Parks wegen Mißachtung der Verkehrsvorschriften zu 10 Dollar Geldstrafe und zur Übernahme der Gerichtskosten. Ihr Anwalt legte Berufung ein. Draußen, auf den Stufen vor dem Gerichtsgebäude, diskutierte man die Aussichten des Berufungsverfahrens vor der nächsthöheren Instanz. Die Sprecher der schwarzen Gemeinden waren sich einig, daß der Boykott inzwischen jedenfalls weitergehen müsse. Nixon, der NAACP-Vorsitzende, schlug ihnen vor, bei ihrem Treffen am Nachmittag einen ständigen Organisationsausschuß für die weiteren Streikvorbereitungen zu wählen. Ralph Abernathy bekam den Auftrag, die Forderungen der Schwarzen an die Busgesellschaft zu formulieren, die der Kundgebung in der Holt Street Baptist Church zur Abstimmung vorgelegt werden sollten.

Ein paar Stunden später traf sich die Runde in der Dexter-Kirche wieder. Martin wurde zum Sprecher der Bewegung gewählt. Wie seine Ernennung zustandekam, wußte hinterher niemand mehr so recht. Coretta schildert es so: »Martin kam etwas spät, und als er den Saal betrat, empfing man ihn: Martin, wir haben dich zu unserem Präsidenten gewählt. Nimmst du an?«

Er selbst stellt den Vorgang etwas anders dar, und ein schwarzer Reporter, der die Ereignisse später recherchierte, kam zu dem Ergebnis: »Die Leute, die damals mit dem Bürgerausschuß zu tun hatten, wollten über die Wahl nicht reden.«

Den Pastor von Dexter traf die Entscheidung jedenfalls völlig unerwartet. »Das Ganze kam so überraschend für mich, daß ich gar keine Zeit hatte, darüber nachzudenken«, schreibt Martin Luther King. »Ich hatte den Protest weder begonnen noch vorgeschlagen. Ich reagierte einfach auf den Ruf des Volkes nach einem Wortführer.«

Martin nimmt die Wahl an. Er dankt der Runde und meint: »Einer muß es machen, und wenn ihr es mir zutraut, dann bin ich bereit.« Damit gab er seine bisherige Zurückhaltung gegenüber der Bürgerrechtsbewegung auf. Zum erstenmal bot sich eine Rolle für ihn, die nicht gesellschaftlich vorgefertigt war und damit paradoxerweise jenseits der Farbgrenze lag, die ihn gefangenhielt. Und der Ausschuß hatte gut gewählt. Martin Luther King, der Gentleman mit dem untadeligen Auftreten und dem gewinnenden Lächeln, ausgezeichnet mit dem akademischen Grad einer Eliteuniversität, war der ideale Sprecher, um die Belange der Schwarzamerikaner in der Öffentlichkeit zu vertreten.

Dem neuen Präsidenten wird aufgetragen, gleich heute abend auf der Kundgebung in der Holt Street Baptist Church die Einführungsrede zu halten. Die Runde geht weiter die Tagesordnung durch, wählt einen Schatzmeister und Vertrauensleute und einigt sich auf Ralphs Drei-Punkte-Forderung, die den Verkehrsbetrieben auf den Tisch gelegt werden soll: 1. Höfliche Behandlung der Farbigen durch die Busfahrer. 2. Die Fahrgäste setzen sich in der Reihenfolge, wie sie kommen, wobei die Schwarzen zuerst die hinteren

Plätze einnehmen. 3. Strecken, die überwiegend von Farbigen benutzt werden, sollen von schwarzen Busfahrern bedient werden. Es sind überaus gemäßigte Forderungen, die das Prinzip der Rassentrennung, »getrennt, aber gleich«, nicht in Frage stellen, sondern lediglich die Beendigung der diskriminierenden Praktiken verlangen, die den Gleichheitsgrundsatz verletzen.

Martin hetzt nach Hause. Er berichtet Coretta von seiner Ernennung und daß er sich entschieden habe, die Wahl anzunehmen. Sie versichert ihm: »Du weißt, was immer du tust, ich stehe hinter dir.«

Der Pastor stürzt in sein Arbeitszimmer und schaut auf die Uhr. Gerade zwanzig Minuten bleiben ihm, um über seine Rede nachzudenken. Durchschnittlich rechnet er bis zu fünfzehn Stunden Vorbereitung für eine Predigt. Die Zuhörer merken allerdings nie etwas davon, wie genau vorgeplant die Effekte, Bilder und Pausen sind. Es scheint alles völlig spontan zu sein. Aber Martin ist ein zu versierter Redner, um auch nur Kleinigkeiten dem Zufall zu überlassen. Doch jetzt ist er nervös, hat Lampenfieber. Er steigt in sein Auto, holt Ralph ab, und beide fragen sich während der Fahrt, wie viele Leute wohl zur Kundgebung kommen würden.

Vier Straßenkreuzungen vor der geräumigen Holt Street Baptist Church stockt der Verkehr. Tausende blockieren die Straßen, vor der Kirche hängen Lautsprecher in den Bäumen.

»Die Kirche war so überfüllt, daß man Ralph und Martin über die Köpfe der Menge hinweg von Hand zu Hand weiterreichen und an der Kanzel absetzen mußte«, erzählt man Coretta hinterher.

Die riesige Zahl von Menschen inspiriert Martin. Er hält eine seiner glänzendsten Ansprachen. Er erinnert die Zuhörer an die lange Liste von Schikanen und Mißhandlungen in den zurückliegenden Jahren. Da war Brooks, der sein Fahrgeld zurückverlangt hatte, als ihn der Fahrer wegen Überfüllung nicht mehr zusteigen lassen wollte. Polizei tauchte auf, es kam zu einem Wortwechsel, und Brooks war im Handgemenge erschossen worden. Da war Walker, der mit einem Bein in die Bustür eingeklemmt worden war. Der Fahrer hatte die Tür zu früh geschlossen, und das Fahrzeug hatte den Mann ein paar hundert Meter weit mitgeschleift. Da war Sadie, die Zeuge wurde, wie ein Fahrer einen Schwarzen mit gezogener Pistole aus dem Bus trieb, nur weil der Mann kein passendes

Kleingeld hatte. Da war Della Perkins, die man als »dreckige schwarze Mißgeburt« beschimpft hatte; da waren die in beliebiger Zahl belegbaren Fälle, daß schwarze Fahrgäste abkassiert wurden und der Bus losgefahren war, ehe sie hinten zusteigen konnten.

»Aber es kommt der Augenblick, wo man das satt hat«, fährt King fort. »Wir sind heute abend hier, um denen, die uns so lange mißhandelt haben, zu sagen, daß wir es satt haben. Wir sind es müde, segregiert und gedemütigt zu werden. Wir sind es müde, ständig unterdrückt und brutal mit Füßen getreten zu werden. Wir hatten keine andere Möglichkeit, als zu protestieren. Viele Jahre lang haben wir eine erstaunliche Geduld gezeigt. Wir haben bei unseren weißen Brüdern manchmal das Gefühl erweckt, als gefiele uns die Art, wie sie uns behandelten. Aber heute abend sind wir hierhergekommen, um uns frei machen zu lassen von der Geduld, die uns mit etwas Geringerem als Freiheit und Gerechtigkeit zufrieden sein läßt.«

Dann ging King auf den Artikel im *Montgomery Adviser* ein und verwahrte sich dagegen, den Busstreik der Schwarzen mit den terroristischen Praktiken der Weißen Bürgerräte gleichzusetzen. »Ihre Methoden führen zu Gewalttätigkeit und Gesetzlosigkeit. Aber bei unserem Protest wird es keine brennenden Kreuze geben. Kein Weißer wird von einem mit Kapuzen verhüllten Negermob aus seinem Haus gezerrt und brutal ermordet werden. Es wird keine Drohungen und Einschüchterungsversuche geben. Wir werden uns von den hohen Prinzipien des Rechts und der Ordnung leiten lassen.«

Martin beschließt seine Rede mit einem Bekenntnis zur Gewaltlosigkeit. »Wir wollen überzeugen und nicht Zwang ausüben«, schärft er seinen Zuhörern ein. »Wir wollen den Leuten nur sagen: Laßt euch von eurem Gewissen leiten! Unser Handeln muß von den höchsten Grundsätzen unseres christlichen Glaubens diktiert sein. Die Liebe muß unser Tun bestimmen. Wenn ihr mutig, doch mit Würde in der Liebe Christi kämpft, werden einmal die Geschichtsschreiber späterer Generationen sagen: Da hat einmal ein großes Volk gelebt, ein schwarzes Volk, das den Menschen der zivilisierten Welt ein neues Bewußtsein, ein neues Gefühl für Würde eingeimpft hat! Das ist unser Auftrag und unsere große Verantwortung.«

Die Zuhörer sind begeistert von Martins Visionen, sie applaudieren ihm stehend. Rosa Parks wird die Altarstufen hinaufgebeten und jubelnd begrüßt, und schließlich präsentiert Ralph seine Drei-Punkte-Forderung. Es wird über einen unbefristeten Boykott abgestimmt, bis die Ansprüche der farbigen Bevölkerung erfüllt sind. Alle heben die Hände, drinnen und draußen klingen Hochrufe. Die Resolution ist angenommen.
Der 5. Dezember 1955 geht zu Ende. Die Menge zerstreut sich. Martin sitzt noch mit Freunden im Dachgarten vom Ben-Moore-Hotel und feiert, strahlt, ist guter Laune und voll Zuversicht. Innerhalb weniger Tage ist er über sich hinausgewachsen. Die Bewegung hat in ihm ihren charismatischen Führer gefunden. Martin Luther King war der richtige Mann, zur richtigen Zeit, am richtigen Ort. »Es war der schwierigste Ort in den ganzen USA«, meint Harry Belafonte, der schwarze Liedermacher, fast dreißig Jahre später in einem Interview. »Niemals hätte jemand erwartet, daß dort die Revolution starten würde, oder die Mini-Revolution, wie wir sie nennen.«
Bei seiner Ansprache in der Holt Street Baptist Church hatte Martin Luther King auf die christliche Liebe verwiesen, die der Bewegung das Gesetz des Handelns vorzeichnen müsse. Man darf ihm das nicht als pastorale Rhetorik auslegen. Martin will das christliche Amerika auf sein christliches Gewissen ansprechen. Er glaubt an die Moral seiner Gegner. Zumindest jetzt noch. Eine Woche nach der Ermordung Martin Luther Kings schreibt George Jackson, ein marxistischer Negerführer, in seinen *Gefängnisbriefen* über Martin: »Gewaltlosigkeit ist ein trügerisches Ideal. Es setzt Mitgefühl und Gerechtigkeitssinn auf seiten des Gegners voraus. Aber wenn der Gegner durch diese beiden Eigenschaften viel zu verlieren und nichts zu gewinnen hat, kann seine Reaktion nur negativ sein. Martin Luther King war fehl am Platz, hinter der Zeit zurück, zu naiv, zu unberührt, zu gebildet, zu kultiviert für unsere Zeit. Aus all diesen Gründen konnte man sein Ende voraussagen.«
Jackson wurde 1972 im Alter von 39 Jahren nach offizieller Darstellung beim Fluchtversuch aus dem Gefängnis erschossen. Seine Mutter Georgia und auch Mithäftlinge glauben zu wissen, daß es in Wirklichkeit Mord war.

Ähnlich wie Jackson argumentierte die »Black Power«-Bewegung. Sie proklamierte das Recht der Schwarzamerikaner auf bewaffnete Selbstverteidigung und attackierte die Parole vom »gewaltlosen Widerstand«, auf die Martin seine Bewegung eingeschworen hatte. Die Führer der Black Power gestanden dem Negerpastor zu, daß Gewaltlosigkeit in den fünfziger Jahren ein wirksames Rezept war, die eher traditionell eingestellten Südstaatenneger zu mobilisieren. Sie sahen jedoch in ihr keine erfolgversprechende Methode, um die schwarzen Gettos im Norden zu sprengen. Martin Luther King hat die Kritik der Black Power nie wirklich nachvollziehen können. Im Gefolge Gandhis hat er sich zwar später ausdrücklich und wiederholt zu einer »militanten« Strategie der Gewaltlosigkeit bekannt und legte es dabei gezielt darauf an, die getarnten weißen Rassisten zu gewalttätigen Reaktionen herauszufordern, um ihre Doppelmoral öffentlich zu entlarven; doch vom Grundsatz der Gewaltlosigkeit hat er sich bei aller Militanz nie getrennt. Über Leichen gehen mochte er nicht. Anders als die Black Power verstand er Gewaltlosigkeit nicht als taktisches Manöver, sondern sah in ihr eine Haltung, die, was ihn betraf, nicht auswechselbar war. Daß sie sich auch praktisch auszahlte, war die entscheidende Erfahrung, die Martin Luther King während des Busstreiks machte. Die schwarze Bevölkerung hielt ihren Boykott 386 lange Tage durch, bis die weißen Behörden endlich begriffen hatten, daß es die Schwarzen ernst mit ihrer Forderung nach Gleichbehandlung meinten.
Während dieser Monate gewinnt Martin an Öffentlichkeitsformat. Er wird mit öffentlichen Auszeichnungen und Ehrendiplomen bedacht, Studentenverbindungen und Tierschutzvereine tragen ihm die Mitgliedschaft an, Zeitungen aus aller Welt schicken ihre Reporter in die Stadt am Alabamafluß, Fernsehkameras fahren auf. 1955 standen bereits 35 Millionen Fernsehempfänger in amerikanischen Haushalten. Das neue Medium war zum Verkaufsschlager geworden, und es beförderte Martin Luther King in ungeahnte Dimensionen nationaler Größe. »Mit dem Privatleben war es restlos vorbei«, schreibt Coretta. »Fast jede Mahlzeit wurde zu einer Großveranstaltung. Es war keine Seltenheit, wenn Martin eine Versammlung von acht Teilnehmern zum Essen mitbrachte. Auch die Reporter, die ihn bei uns erwarteten, konnte ich nicht

verhungern lassen und ebensowenig die Besucher, die aus der ganzen Welt gekommen waren.« Die Medien hofierten den Negerpastor. Der Mann war fotogen, redete hinreißend, und sein jungenhaftes Auftreten brachte ihm mühelos Sympathien ein.
Doch auch die Gegenseite machte mobil. Martin und Coretta wurden mit Morddrohungen eingedeckt, eine Flut unflätiger Flüche ergoß sich durchs Telefon. Die Häuser der Negerführer in der Stadt wurden achtmal das Ziel von Sprengstoffanschlägen. Eines Abends flog die Vorderfront des Pastorats in der South Jackson Street in die Luft. Nur wie durch ein Wunder kamen Coretta und Yoki mit dem Leben davon. Anonyme Flugblätter versuchten die Bewegung zu spalten. »Wollt ihr euch noch länger die Füße müde laufen?« hieß es auf einem. »Bestimmt nicht. Warum sollen wir laufen, wenn unsere Führer in dicken Wagen kutschieren. Das ganze Land macht sich über uns lustig. Wir marschieren, und unsere Führer stoßen sich auf unsere Kosten gesund. Aber wir lassen uns nicht länger für dumm verkaufen!«
Der Weiße Bürgerrat schlägt eine noch schärfere Tonart an. Bei einer Massenkundgebung, auf der ein Senator aus Mississippi vor 12000 Weißen als Hauptredner auftritt, verteilen Jugendliche rassistische Flugblätter. Im Text werden Farbige als »schleimige, rotzige, unerträglich stinkende Nigger« bezeichnet, die von Pygmäen und Kopfjägern abstammen. Und in perfider Anspielung auf die Worte der Unabhängigkeitserklärung von 1776 heißt es: »Folgende Wahrheiten halten wir für selbstverständlich: daß alle Weißen gleich geschaffen und mit gewissen Rechten ausgestattet sind, daß dazu Leben, Freiheit und das Streben nach toten Niggern gehört.« Der Busstreik wird auf dem Blatt als Verschwörung der schwarzen Rasse ausgegeben, und der Text schließt mit dem Aufruf: »Freunde, es wird Zeit, daß wir den schwarzen Teufeln auf die Schliche kommen. Es sind zweifüßige Agitatoren, die sich mit ihren wulstigen schwarzen Lippen das Recht herausnehmen, auf unseren Straßen zu promenieren. Wenn wir nicht Schluß damit machen, wachen wir irgendwann auf, und dieser Pastor King sitzt im Weißen Haus!«
Der Gegendruck wird mit der Zeit so beängstigend, daß Martin im Januar 1956 an einen Punkt angelangt ist, wo er nicht mehr ein noch

aus weiß. Coretta findet ihn mit dem Kopf zwischen den Armen in der Küche laut betend: »Herr, ich glaube, daß ich für eine gerechte Sache kämpfe. Aber jetzt habe ich Angst. Die Leute sehen auf mich als ihren Führer, und wenn ich so ohne Kraft und Mut vor ihnen stehe, werden sie auch wankend werden. Ich kann nicht mehr weiter. Ich habe den Punkt erreicht, wo ich es allein nicht mehr schaffe.« Auch Martin hat diesen verzweifelten Augenblick in Erinnerung behalten. Er schildert ihn als sein Berufungserlebnis. »In diesem Augenblick erlebte ich die Gegenwart Gottes wie nie zuvor«, schreibt er. »Mir war, als hörte ich eine innere Stimme, die mir Mut zusprach: Stehe auf für die Gerechtigkeit! Stehe auf für die Wahrheit! Und Gott wird immer an deiner Seite sein.« Von da an fühlt sich Martin Luther King stark, allem ins Auge zu sehen. Ein Zurück gab es nicht mehr.

Je länger die Schwarzen ihren Boykott durchziehen, desto gereizter reagiert die Stadtverwaltung. Sie streut Falschmeldungen aus, unterstellt King finanzielle Betrugsmanöver und schikaniert schwarze Fahrgemeinschaften mit Strafmandaten. Das alles dramatisiert die Situation. Martins Wagen wird von motorisierten Beamten beschattet, und irgendwann ist es soweit. Der Streifendienst winkt den Negerpastor an den Straßenrand und verhaftet ihn wegen Geschwindigkeitsüberschreitung. Martin fürchtet den Freiheitsentzug nicht, trotzdem hat er Angst. Er weiß, für einen Schwarzen kann jede Zelle zur Todeszelle werden. Im offiziellen Untersuchungsbericht heißt es dann vielleicht: Der Häftling wurde bei einem Ausbruchversuch tödlich verletzt... Mitgefangene haben ihn in der Zelle erschlagen... Das Transportfahrzeug wurde auf dem Weg zur Haftanstalt von maskierten Männern aufgehalten...

Der Streifenwagen brachte Martin in eine schmutzige, stinkende Zelle des Stadtgefängnisses. Es ist sein erster Gefängnisaufenthalt unter vielen, die noch folgen sollten. Kings Verhaftung sprach sich wie ein Lauffeuer im schwarzen Viertel herum. Eine aufgebrachte Menschenmenge versammelte sich vor dem Gebäude und verlangte Martins Freilassung. Die Polizei gab klein bei und setzte den Pastor nach erkennungsdienstlicher Behandlung gegen Kaution auf freien Fuß.

Die ständig sich zuspitzende Situation löst in den Staaten und der ganzen Welt eine Flut von Sympathiekundgebungen und Spendeneingängen aus. Und die Bewegung braucht dringend Geld. Für die Mitfahrergemeinschaften, der sie fünfzehn Kleinbusse stellt. Für Kautionsleistungen, um Gefangene auszulösen. Für Büromaterial, Porto, Telefongebühren und Papier. Für die Einstellung von Mitarbeitern, für Anwaltshonorare und Prozeßkosten. Für Martin, der kreuz und quer durch die USA fliegt, um die Öffentlichkeit zu mobilisieren. Die Hilfsbereitschaft ist überwältigend. Duke Ellington und Harry Belafonte geben im Manhattan-Center von New York ein Konzert zugunsten der Montgomery-Bewegung. Coretta tritt dabei auf, erzählt vom Kampf der Schwarzamerikaner in den Südstaaten und singt die alten Spirituals: *»Let my people go* – laß mein Volk frei!« Die Autoarbeiter-Gewerkschaft schickt einen Scheck von 35000 Dollar. Aus Singapur, Tokio, Neu-Delhi, London, Frankfurt und Paris trifft Unterstützung ein. Aus der Schweiz schreibt eine Frau: »Ich kann nur ganz unzureichend helfen. Das ist kein schönes Gefühl, glauben Sie mir. Aber ich möchte so brennend gern etwas tun. Ich schicke diese 500 Dollar. Sie würden mir eine große Freude machen, wenn Sie das Geld annehmen würden. Denn was für eine Möglichkeit habe ich sonst zu helfen?«
Der gemeinsame Kampf ließ die schwarze Bevölkerung die sozialen Unterschiede in ihren eigenen Reihen vergessen. Die meisten farbigen Familien Montgomerys waren arm. Für zwei Drittel von ihnen war bereits das WC ein unerschwingliches Luxusgut. Nur eine Handvoll Schwarzer, allen voran die Mitglieder von Martins Dexter-Gemeinde, hatte es zu Wohlstand gebracht. Normalerweise gab man sich in den Kreisen der »Sugar Hill«-Familien sehr distinguiert und hielt auf deutlichen Abstand zum schwarzen Proletariat. Jetzt aber übte man sich in einer bis dahin nicht gekannten Solidarität. »Ärzte, Lehrer und Rechtsanwälte saßen oder standen neben Hausangestellten und ungelernten Arbeitern«, schreibt King. »Die sogenannten ›hohen Tiere‹ unter den Negern, die eigene Wagen besaßen und noch nie in Bussen gefahren waren, lernten die einfachen Hausmädchen und Arbeiter kennen. Männer und Frauen, die durch falsche Klassenbegriffe getrennt waren, sangen und beteten jetzt miteinander in dem gemeinsamen Kampf für Freiheit und Menschenwürde.«

»Haust du die Nase, weint das Auge«, lautete eine alte afrikanische Weisheit, und das Sprichwort füllte sich in Montgomery mit aktuellem Inhalt. Die schwarze Bevölkerung hatte ihre gemeinsame Herkunft wiederentdeckt, die Solidarität der Sklavenquartiere, in denen sich die Leute unterschiedslos Bruder, Schwester, Tante oder Onkel nannten. Ohne dieses neu belebte Großfamiliengefühl hätten Rosa Parks müde Füße keine Geschichte gemacht.

Die Auseinandersetzung mit der Stadt steuerte ihrem Höhepunkt zu, als der Magistrat gegen die Bürgerrechtsbewegung einen Prozeß wegen »unlizenzierter Personenbeförderung« in Gang setzte und bei Gericht eine einstweilige Verfügung gegen die Mitfahrgemeinschaften beantragte. Eine Prozeßniederlage der Schwarzen hätte das Ende des Busstreiks bedeutet. King verhandelte, doch die Gegenseite blieb unnachgiebig. Die Verkehrsbetriebe waren bereit, Höflichkeit zu garantieren, aber an der segregierten Sitzordnung könne man nichts ändern, weil man anders gegen geltendes Recht verstieße, ließ ihr Sprecher die Verhandlungsführer der Begegnung wissen. Und was die Einstellung von farbigen Busfahrern beträfe, so sei die Direktion weder jetzt noch in Zukunft bereit, sich ihre Personalpolitik von der Straße diktieren zu lassen. Martin war verzweifelt. »Die Menschen hatten nun fast zwölf Monate lang bereitwillig so viele Strapazen auf sich genommen. Wie sollten sie jetzt ihrer Arbeit nachgehen, wenn der Auto-Pool aufgelöst wurde? Konnten wir sie bitten, jeden Tag zur Arbeit und wieder zurück zu laufen?« fragte er sich. Die Aussichten vor dem Ortsgericht standen schlecht, die Boykottaktion schien am Ende. Doch mitten in die entscheidende Sitzung platzte der Spruch des Obersten Gerichtshofs der Vereinigten Staaten, bei dem die Anwälte der NAACP Verfassungsbeschwerde eingelegt hatten. In einem Grundsatzurteil erklärte der Supreme Court die Rassentrennung der öffentlichen Verkehrsbetriebe von Montgomery und die einschlägigen Segregationsgesetze des Staates Alabama für verfassungswidrig. Die schwarze Bevölkerung jubelte.
Martin Luther King war tief bewegt. Die bessere Moral, Gewaltlosigkeit hatte gesiegt. Die Bewegung bereitete sich auf den Tag X vor, an dem das Urteil des Obersten Gerichtshofs im Staatsanzeiger

erscheinen würde und damit rechtskräftig werden konnte. Man trainierte »integriertes Busfahren« auf den Kirchenbänken, spielte Konfliktsituationen durch. Zum Beispiel: Ein Betrunkener macht Ärger und rempelt dich an, wie reagierst du? Eine weiße Frau in anderen Umständen steigt zu und findet keinen Sitzplatz; wer soll zuerst aufstehen, ein Schwarzer oder ein Weißer? Oder der Busfahrer schreit dich an: Nigger, du steigst immer noch hinten ein! Was antwortest du? und ähnliche Fälle. Eine Gruppe arbeitete Handzettel aus, die »Hinweise für die Benutzung von integrierten Bussen« gaben. Im Text hieß es unter anderem: »Setzt euch nicht absichtlich neben eine weiße Person, außer wenn kein anderer Platz mehr frei ist. Wenn ihr neben jemand Platz nehmt, weiß oder schwarz, dann fragt: ›Darf ich?‹ oder ›Gestatten Sie?‹ Das gehört sich so. Beschimpft man euch, schreit nicht zurück, rempelt man euch an, werdet nicht ebenfalls ausfällig, schlägt man euch, schlagt nicht zurück. Bringt so viel Liebe auf, daß ihr das Böse unterlaufen könnt, und zeigt so viel Verständnis, daß ihr aus Feinden Freunde macht. Und wenn ihr meint, ihr könnt diese Forderungen noch nicht erfüllen, geht lieber noch ein, zwei Wochen weiter zu Fuß.«

In der Presse nennt man Martin Luther King den »neuen Gandhi«, seine eigenen Leute sprechen von ihrem Pastor liebevoll als LLJ, »Little Lord Jesus«, Reporter bezeichnen ihn als »Schwarzen Moses« oder den »Heiligen Martin«. Sein Bild prangt zu Jahresbeginn 1957 auf der Titelseite des *Time*-Magazins. Das Blatt widmet Martin Luther King einen langen, wohlwollenden Artikel und stellt ihn seinen Lesern als den »gebildeten« baptistischen Negerpastor vor, »der in kaum mehr als einem Jahr aus dem Nichts zu einem der bemerkenswertesten Führer der Nation avancierte.« Es ist das erste Mal, daß ein Sprecher der Schwarzamerikaner jenseits der Farbgrenze in der Öffentlichkeit Beachtung findet. Martin ist sich dessen durchaus bewußt.

Für den Zeitpunkt X hat die Bewegung den kürzesten Tag des Jahres gewählt. In den frühen Morgenstunden des 21. Dezember 1956 bringen sich Übertragungswagen der Fernsehstationen vor Kings Haus in Position, Schweinwerfer blenden auf. In der Dunkelheit nähert sich der erste Bus der South Jackson Street-Linie,

steuert die Haltestelle an und hält fahrplanmäßig um 5.55 Uhr. Kameras surren, Blitzlichter flammen, die Medienleute umlagern den Bus, während King und Abernathy einsteigen.
Der Fahrer: »Ich denke, Sie sind der Pastor King, oder?«
Martin lächelt. »Ja, der bin ich.«
Der Fahrer: »Wir freuen uns, daß Sie heute mit uns fahren.«
Die Nachrichtenagenturen übertragen den historischen Dialog in die ganze Welt. Eine neue Seite in der Geschichte der Rassenbeziehung scheint aufgeschlagen.
Ralph und Martin steigen in der Innenstadt um und setzen sich in einen Bus, der durch das weiße Viertel fährt. Die meisten Weißen zeigen keinerlei Reaktion. Nur ein älterer Herr weigert sich Platz zu nehmen. Noch mehr Farbige steigen zu. Eine weiße Frau setzt sich unbefangen neben einen Schwarzen und meint im Plauderton: »Sieht aus, als ob wir diesmal keine weiße Weihnacht bekämen.«
Der Schwarze lacht: »Nein, wirklich nicht.«
Eine Woche später sind die integrierten Busse bereits eine Alltäglichkeit. Es ist nur zu wenigen Zwischenfällen gekommen. Männer mit weißen Kapuzen beschießen einen Bus aus dem Hinterhalt, aber keiner von den Fahrgästen kommt zu Schaden. Eine Schwarze wird beim Aussteigen von einem Weißen geschlagen, doch sie schlägt nicht zurück. Als sie den Zwischenfall ihren Freunden erzählt, meint sie: »Ich hätte dem Typ das Genick brechen können. Aber gestern abend nach der Versammlung habe ich mir vorgenommen, mich nach Pastor King zu richten.«
Martin faßte das Ergebnis der Montgomery-Story in den Worten zusammen: »Wir riefen eine Bewegung ins Leben, die Anerkennung in unserem ganzen Land und Widerhall bei allen Völkern der Welt finden sollte; eine Bewegung, die die Unterdrücker in Schrekken versetzen und den Unterdrückten neue Hoffnungen bringen sollte.«
Es klang ein wenig überzogen, ein bißchen zu pathetisch, wie es Martin Luther King leicht unterlief, wenn er aus vollem Herzen sprach, aber genauso war es. Den Leuten der Bewegung war aber klar, daß Montgomery nur ein Anfang war. Januar 1957 konstituiert sich in Kings Heimatstadt Atlanta eine neue Bürgerrechtsorganisation, die SCLC (South Christian Leadership Conference), die

»Christliche Führungskonferenz des Südens.« Martin wurde zu ihrem Vorsitzenden gewählt. Er schlägt mehrere Angebote auf gutdotierte Lehrstühle an verschiedenen Universitäten aus. Der Pastor wußte noch nicht, was sein nächstes Aktionsziel sein würde, aber er war entschlossen, sich nicht einfach wieder ins Pfarramt zurückzuziehen. Seine Freunde bestärkten ihn. Martin hatte in Montgomery nationale Bedeutung erlangt und gehörte fortan ganz Amerika.

Der Sieg von Montgomery war wohlverdient, aber King und seine Leute hatten nicht allein auf sich gestellt kämpfen müssen. Die großen Medien waren von Anfang bis Ende auf seiten der Bürgerrechtsbewegung und reagierten damit auf eine atmosphärische Veränderung in der Gesellschaft, die schon seit längerem zu verzeichnen war. Im Januar 1955 sang die dunkelhäutige Altistin Marian Anderson als erste Schwarze in der distinguierten Metropolitan Opera New Yorks und erhielt begeisterten Applaus. Neben der superweißen Marilyn Monroe wurde eine farbige Schlagersängerin, Eartha Kitt, zum Sexsymbol der fünfziger Jahre. Ihre Version in »C'est si bon«, das sie mit sinnlich träger Stimme vortrug, schoß an die Spitze der Hitlisten und wurde ein Welterfolg. Die Jugend hatte zuerst gemerkt, daß die Klischees von gestern unscharf wurden. Sie hatte das tranige Amerika der Eisenhower-Zeit gründlich satt, die Pettycoats und Bügelfalten, BH und Schlips, Dauerwellenfrisur und Pomadenschmachtlokken. Die neue Generation sperrte sich gegen einen vorfabrizierten Lebenslauf: College-Examen, Eintritt in eine solide Firma, das richtige Mädchen heiraten, ein komfortables Haus beziehen, Mitgliedschaft in einem renommierten Klub erwerben. Sie rebellierte wie Jerry Rubin, einem Hippie der sechziger Jahre, gegen die elterlichen Ermahnungen: »Spielt nicht, arbeitet; faulenzt nicht, lernt; stellt keine Fragen, gehorcht... Man trimmte uns auf Selbstverleugnung... Man warnte uns vor Masturbation, die Geisteskrankheit und Pickel verursacht... Wir wurden verrückt.« Die jungen Leute waren Bing Crosby und die Andrew Sisters leid, die Weichspüler fürs Gehirn lieferten, Südsee und Palmen beschworen und Erinnerungen an Romantik weckten, die nur auf Filmspulen existierte.

Es gab auch eine andere Musiklandschaft, eine mit Rhythm & Blues, dem Boogie-Woogie der Schwarzen, mit *race records* und den schwarzen Hitlisten. Aber sie lag jenseits der Farbgrenze, die selbst die Musikszene teilte. Die neue Generation überschritt sie. Plötzlich kam der schwarze Sound bei der Jugend an. Sie kaufte die *race records,* mit denen die Plattenindustrie bisher die Musikboxen der Negerkneipen bestückte, sie verlangten von ihren Diskjockeys Beat. Einzelne Musikverleger und Produzenten witterten das Geschäft und zogen nach. Bill Haley wurde »entdeckt«, *race music* mit Country und Westernverschnitt. Mai 1954, ein Vierteljahr bevor die Kings das weiße Haus in der South Jackson Street bezogen, erscheint Haleys Platte »Rock Around The Clock«. In Georgia und Florida reißen Mädchen ihrem Elvis Presley die Kleider vom Leib. Die Erwachsenen sind schockiert, protestieren bei den Radiostationen gegen die »verdammte Negermusik«. Diskjockeys werden angepöbelt und bedroht. Doch die geben sich gelassen, Rhythm & Blues werde von der ganzen Nation gehört. Die ganze Nation, das ist wenigstens die Hälfte der US-Bevölkerung, deren Durchschnittsalter 1954 bei 25 Jahren, in den Großstädten noch tiefer liegt.
Über die schwarze Musik entwickeln Amerikas Jugendliche eine eigene Identität. Rassentrennung ist für sie Steinzeit. Elvis, aufgewachsen in Mississippi und Memphis, meinte, er habe sich seinen irren Hüftschwung von den schwarzen Südstaaten-Predigern abgeguckt: »Die kreuzten überall auf, hüpften auf dem Piano herum und sprangen in alle Richtungen, und die Zuhörer mochten das.« Ende der fünfziger Jahre sah sich Amerika einer neuen Generation gegenüber, jungen Leuten, die über Beat und Rock and Roll zur Bürgerrechtsbewegung stießen. »Die Schwarzen haben den Weißen Musik beigebracht«, schreibt Jerry Rubin. »Genauso ist es mit der Politik. Die Schwarzen haben mehr gelitten, und so sind sie näher an der Wahrheit und der Realität. Politik und Musik sind dasselbe.«
Ohne die Beat-Generation wäre Kings Bürgerrechtsbewegung nach Montgomery schlichtweg ausgetrocknet.

1957–1959
Little Rock, auf Messers Schneide, Indienbesuch

»Ich verließ Indien in der Überzeugung, daß die stärkste Waffe der Unterdrückten im Freiheitskampf der gewaltlose Widerstand ist.«

Im Erscheinungsjahr von Haleys »Rock Around The Clock« fällt der Oberste Gerichtshof sein Jahrhunderturteil in Sachen Rassentrennung. 1896 gutachtete Amerikas oberstes Verfassungsgericht, Segregation, Rassentrennung in den Schulen verstoße nicht gegen den Gleichheitsgrundsatz, solange eine gleichwertige schulische Versorgung für beide Teile gewährleistet sei. Die neu gefundene Zauberformel hieß: »Getrennt, aber gleich.« Sie zementierte jedoch in Wahrheit einen Zustand, der unvermeidlich die farbigen Schüler benachteiligte. Amerikas zersplittertes, von kommunalen Trägern eher kärglich ausgestattetes öffentliches Schulwesen gab den unteren Bevölkerungsschichten ohnehin nur wenig qualifizierte Bildungschancen. Noch 1970 schätzte man die Zahl der erwachsenen Analphabeten auf rund zwanzig Prozent der erwachsenen Bevölkerung. Für die Farbigen wirkte sich die Segregationsformel entsprechend noch ungünstiger aus. Die »Nationale Vereinigung zur Förderung der Farbigen«, NAACP, focht jahrelang vor den Gerichten gegen das segregierte Schulwesen mit der Begründung an, die Rassentrennung auf dem Bildungssektor mindere die Aufstiegschancen der Schwarzamerikaner. 1954 gab der Supreme Court den NAACP-Klägern recht. Der Oberste Gerichtshof entschied: »Getrennte Schulen sind ihrem Wesen nach ungleich« und ordnete die Integration der öffentlichen Bildungseinrichtungen an.

Die NAACP triumphierte: »Wirkliche Amerikaner sind dankbar für diese Entscheidung. Wir sehen in diesem denkwürdigen Urteil nicht nur einen Sieg für die Neger. Die Entscheidung ist ein Sieg des ganzen amerikanischen Volkes, die Amerikas Rolle als Führungsmacht der freien Welt unterstreicht.«

Die südstaatlichen Politiker sahen das anders. Ein Senator drohte: »Wir werden das Gesetz mit allen Mitteln sabotieren.« Andere

Abgeordnete veröffentlichten eine Presseerklärung, in der sie feststellten: »Diese Entscheidung ist geeignet, die guten Beziehungen zwischen der weißen und der schwarzen Rasse nachhaltig zu beeinträchtigen, um die sich die wohlmeinenden Vertreter beider Rassen in den letzten neunzig Jahren verdient gemacht haben.«
1979, ein Vierteljahrhundert nach dem Schulintegrationsurteil, hatte sich die Lage der schwarzen Schüler deutlich verbessert. Elf Prozent von ihnen besuchten ein College, und das entsprach ziemlich genau dem Anteil der Schwarzen an der US-Bevölkerung. Die rassisch integrierte Schule war allerdings auch 1979 noch immer nicht der Regelfall. Zwei Drittel der farbigen Kinder saßen weiterhin in segregierten Klassen. Weißamerikanische Eltern wichen zunehmend auf Privatschulen aus, die dem Desegregationsurteil nicht unterlagen.
Ende 1957 kommt es in Little Rock, der Hauptstadt des Staates Arkansas, zu langanhaltenden Protestaktionen gegen das schulische Integrationsprogramm. Schwarze Jugendliche, die versuchten, Zugang zur örtlichen Oberschule mit ihren 2700 Schülern zu finden, begegneten dem geschlossenen Widerstand weißer Demonstranten. Elizabeth schildert, wie es ihr am ersten Schultag erging: »Vor der Schule erwartete mich der Mob. Jemand schrie: ›Lyncht sie! Lyncht sie!‹ Ich suchte in der Menge nach einem freundlichen Gesicht, nach jemand, der mir beistehen würde. Ich sah das Gesicht einer alten Frau, die freundlich aussah, aber als ich sie hilfeflehend anguckte, spuckte sie nach mir. Die Leute rückten immer näher und brüllten: ›Keine Schwarze auf unsere Schule!‹ Ich schaute mich um und entdeckte eine Bank an der Bushaltestelle. Ich dachte: ›Wenn ich es bis da rüber schaffe, bin ich gerettet!‹ Als ich endlich die Bank erreichte, fühlte ich mich am Ende. Ich konnte keinen Schritt mehr weiter. Ich setzte mich, der Mob schloß mich ein und legte wieder los. Jemand schrie: ›Drüben an den Baum mit ihr!‹ In diesem Augenblick setzte sich ein weißer Mann zu mir und legte seinen Arm um meine Schulter. Er faßte mir unters Kinn und sagte: ›Hör auf zu weinen. Laß sie nicht sehen, daß du heulst.‹«
Die sechs Mädchen und drei Jungen, alle vierzehn Jahre alt, mußten schließlich von einem 1000 Mann starken Truppenaufgebot vor Übergriffen der Demonstranten geschützt werden. Wochen-

lang blieb die Schule von aufgebrachten Weißen umstellt. Daisy Bates, die örtliche NAACP-Vertreterin, sammelte während dieser Zeit allmorgendlich die Jugendlichen in ihrem Haus, von dort aus wurden sie dann mit Armeefahrzeugen in die Schule gebracht.
1958 heißt es in einem Artikel des *Arkansas Democrat*: »Die Central High School von Little Rock ist immer noch unter Belagerungszustand. Ausbildung unter Aufsicht bewaffneter Soldaten ist unamerikanisch, gegen die Religion. Nicht mal die rohen Russen haben in ihren besetzten Ländern Kinder damit belästigt, daß sie bewaffnete Einheiten auf einem Schulgelände oder in seinen Gebäuden stationiert hätten, und auch die Deutschen haben so etwas nicht gemacht. Aber die Vereinigten Staaten, die sich überall in der Welt als Beispiel für Frieden, Freiheit und Gerechtigkeit ausgeben, setzen eine freie Schule unter militärischen Druck!«
Little Rock hatte eine lange rassistische Vergangenheit. Ein Schwarzer erinnert sich an die Zeit vor der Jahrhundertwende: »Als Wahlen waren, zogen die Leute durch die Gegend und sagten den Negern, sie sollten am nächsten Tag nicht wählen. Ein paar Neger antworteten: ›Aber ich geh, und wenn ich hinkriechen müßte.‹ Darauf der Weiße: ›Und wem gibst du deine Stimme?‹ Und der Nigger fragte zurück: ›Na, und wen wählst du?‹ Sagte der Weiße: ›Ich tu verdammichnochmal was mir paßt!‹ Sagte der Nigger: ›Und ich auch!‹ Da ging der Krach richtig los. Weiße Schlägerbanden zogen durch die Gegend, erschossen Neger, und weil die keine Waffen hatten und sich nicht wehren konnten, hatten sie keine Chance. Damals haben einige Neger ihr Haus hier aufgegeben und sind woandershin gezogen.«
1957 aber gaben die Schwarzen nicht auf. Daisy Bates mit ihren Schützlingen hielt durch. Als der Mob endlich abzog, normalisierte sich der Schulalltag für die neun schwarzen Jugendlichen. Ernest meinte, er käme jetzt ganz gut zurecht. Er werde schon mal in der Pausenhalle angerempelt, halte sich auch vorsichtshalber auf der Treppe am Geländer fest, und nachts kämen noch gelegentlich Drohanrufe. Aber alles in allem werde er und die anderen Schwarzen von den weißen Mitschülern und seinen Lehrern fair behandelt.
Martin Luther King schreibt: »Little Rock war ein Wendepunkt im Kampf um unsere Rechte.« Er tauchte aber nicht in Arkansas auf,

sondern überließ die Situation sich selbst. Seine Organisation, die »Christliche Führungskonferenz«, hatte noch kein Konzept gefunden, wie die Aktionen der Bürgerrechtsbewegung weitergehen sollten. Martin reiste von Küste zu Küste, hielt 1957 mehr als zweihundert Vorträge und legte 125 000 Flugkilometer zurück. Die Negerillustrierte *Jet* apostrophierte ihn als »man on the go«, und es konnte keine treffendere Bezeichnung für Martins Reiseaktivismus geben. Er predigte landauf, landab in den Kirchen, sprach vor politischen Organisationen und appellierte unaufhörlich an die Bundesregierung in Washington, endlich entschiedene Schritte zu unternehmen, um die Lage der Schwarzamerikaner wirksam zu verbessern. Die Erfahrungen von Montgomery hatten ihm die Augen dafür geöffnet, »daß der geheime Zweck der Segregation der war, die Neger nicht nur von den Weißen zu trennen, sondern sie auch zu unterdrücken und auszubeuten. Selbst wenn wir um Gerechtigkeit im Rahmen der Segregationsgesetze baten, waren die maßgeblichen Stellen nicht bereit, sie uns zu gewähren.«

Sein erfolgloses Bemühen, Washington zum Handeln zu bewegen, bestätigte diese Erfahrung aufs neue. Eisenhower reagierte nicht und schob die Angelegenheit seinem Vizepräsidenten Richard Nixon zu. Nach längeren Verhandlungen lud Nixon endlich mehrere Bürgerrechtler, darunter auch Martin Luther King, ins Weiße Haus und nahm ein Memorandum entgegen, das die Regierung in einem Sechs-Punkte-Programm aufforderte, die verfassungsmäßigen Rechte der schwarzen Bürger einzulösen. Nixon äußerte Sympathie, versprach Unterstützung, aber es geschah nichts. Die Eisenhower-Verwaltung steckte wie gewohnt den Kopf in den Sand und hoffte, die Dinge würden sich schon irgendwie von selbst regeln.

Um ihren Forderungen Nachdruck zu verleihen, riefen die Bürgerrechtsorganisationen für den 17. Mai 1957 zu einem Sternmarsch nach Washington auf. Alle Sprecher der Farbigenorganisationen waren vertreten, dazu erschien eine Menge schwarzer Prominenz: die berühmte Gospelsängerin Mahalia Jackson, Harry Belafonte, Dutzende von Sportlern und Schriftstellern. Auf der Abschlußkundgebung erhielt Martin Luther King das Wort. Es war sein erster Auftritt auf der nationalen Bühne, und Coretta, mit ihrem zweiten Baby schwanger, saß in Montgomery vor dem Radio und hörte stolz, wie 40000 Menschen ihrem Mann applaudierten. Sein Empfang bewies, daß die Schwarzamerikaner Martin als ihren Führer betrachteten. Der Pastor war sichtlich bewegt. Vor dem Lincoln-Ehrenmal hielt er eine seiner großen Reden, wurde ständig von donnernden Amen-Rufen unterbrochen, seine Stimme klang tief und warm, und er sprach mit Entschlossenheit. Seine Ansprache endete mit einem furiosen Appell an die Nation: »Gebt uns Stimmzettel, und wir werden nicht länger bitten, sondern die richtigen Gesetze machen.

Gebt uns Stimmzettel, und wir werden die Parlamente mit Männern guten Willens besetzen.

Gebt uns Stimmzettel, und wir werden dem Volk Richter geben, die Barmherzigkeit lieben.

Gebt uns Stimmzettel, und wir werden die schreienden Untaten des blutdürstigen Mobs in wohlüberlegte Taten ordentlicher Bürger verwandeln.«

Die Beseitigung der Wahlrechtseinschränkungen hatte die NAACP seit langem als Forderung an ihre Fahnen geheftet. Indem Martin Luther King die NAACP-Losung übernahm, steckte er zum erstenmal seine Ziele weiter und verschaffte dem Anspruch der Schwarzamerikaner auf politische Mitbestimmung breite nationale Öffentlichkeit. Die Rede vor dem Lincoln-Denkmal vermehrte sein Ansehen. Die Universität von Chikago verlieh Martin die Ehrendoktorwürde, und das Morehouse-College von Atlanta zeichnete seinen ehemaligen Schüler mit einem Ehrensitz im Vorstand aus.

Auf die offizielle Regierungspolitik übte die Kundgebung jedoch keine erkennbare Wirkung aus. Man hatte im Weißen Haus andere Sorgen, und die richteten sich nicht auf die Südstaaten, sondern nach Osten. US-Nachrichtendienste hatten für 1957 ein spektakuläres Weltraumunternehmen der Sowjetunion angekündigt. Am 4. Oktober meldeten die Radio- und Fernsehstationen, daß es den Russen gelungen war, einen künstlichen Satelliten, »Sputnik I«, in eine erdnahe Umlaufbahn von 924 Kilometer Höhe zu bringen. Amerika war betroffen. Die Schlagzeilen sprachen von einer »Sputnikinvasion unserer Himmelsräume«. 29 Tage darauf startete die Sowjetunion ihren »Sputnik II« mit einem Gewicht von mehr als einer Tonne. An Bord befand sich die Hündin Laika, das erste irdische Lebewesen im Kosmos. Für den Stolz Amerikas war das ein neuer Schlag. Man hatte eine demütigende technische Niederlage hinnehmen müssen. Die Raumfahrttechniker der USA versuchten nachzuziehen. Nach einer Reihe von deprimierenden Fehlstarts gelang es, »Explorer I« in eine Umlaufbahn zu bringen. Die Nation atmete auf, doch dieser Erfolg kann nicht darüber hinwegtäuschen, daß die USA von den Sowjets im Raketenwettlauf auf den zweiten Platz verwiesen wurden. Die Schulen werden angehalten, der Mathematik und den Naturwissenschaften Vorrang im Lehrplan zu geben, und der Kongreß beschließt die Einrichtung einer großzügig ausgestatteten Weltraumbehörde, der NASA.

Martin, der »man on the go«, macht inzwischen unermüdlich weiter. Zwischen seinen Terminen und Verpflichtungen findet er noch die Zeit, an einem Buch zu arbeiten, das den Kampf von Montgomery schildert und seine Philosophie der Gewaltlosigkeit darlegt. Rückblickend auf den Busboykott schreibt Martin Luther King: »Von Ghandi kam die Methode, von Christus der Geist.« Der Inder war nach Martins Worten »der erste Mensch in der Geschichte, der Jesu Liebesethik über eine bloße Beziehung zwischen Einzelpersonen hinaushob und sie zu einer gewaltigen und wirksamen sozialen Macht in großem Maßstab steigerte.« Ein Urteil, das historisch so nicht haltbar ist, wenn man an die Quäker Amerikas, Franz von Assisi und die Ketzerbewegungen des Mittelalters denkt. Richtig ist, daß Martin auf dem Weg über Ghandi den revolutionären Jesus der Bergpredigt, den die puritanische Theologie der USA zu einem privaten Sündendoktor reduziert hatte, neu für sich entdeckt. Er sieht jetzt das Christusereignis in einer umfassenden gesellschaftlichen wie geschichtlichen Perspektive und erklärt seinen Lesern: »Das Kreuz ist das ewige Zeichen dafür, wie weit Gott gehen will, um eine zerbrochene Gemeinschaft wiederherzustellen. Die Auferstehung ist ein Symbol des Sieges Gottes über alle Mächte, die die Gemeinschaft zu verhindern suchen. Der Heilige Geist ist im Verlauf der Geschichte die Realität, die ständig Gemeinschaft schafft. Wer gegen die Gemeinschaft handelt, handelt gegen die ganze Schöpfung. Die ganze

Menschheit ist in einen einzigen Prozeß verwickelt, und alle Menschen sind Brüder. Wenn mir geboten ist zu lieben, ist mir geboten, die Gemeinschaft wiederherzustellen, der Ungerechtigkeit zu widerstehen und meinen Brüdern zu helfen.«
Darauf gründet sich Martins Philosophie des gewaltlosen Widerstands. Sie zieht ihre Kraft aus der Überzeugung, »daß das Universum auf seiten der Gerechtigkeit steht.«
Am 23. Oktober bringt Coretta ihr zweites Kind zur Welt. Diesmal ist es der von Martin ersehnte Sohn. Er gibt dem Jungen seinen Namen, Martin Luther King III. Jetzt macht Coretta Einwände: Muß sich der Junge nicht an dem Namen seines Vaters tottragen? Aber Martin besteht auf seiner Entscheidung. Und als Daddy King seinen Sohn auch noch unterstützt, willigt sie schließlich ein. Die Martin-Luther-King-Dynastie ist etabliert, aber über die privaten Ereignisse hinaus tut sich kaum etwas.
Auch das folgende Jahr, 1958, vergeht, ohne daß Martin klarer sieht, was mit der Bürgerrechtsbewegung weiter werden soll. Die »Christliche Führungskonferenz« droht einzuschlafen, ein neues Aktionskonzept ist nirgends in Sicht. Martin legt letzte Hand an sein Buch *Vorwärts zur Freiheit*, das bei Harper & Brothers, New York, einem der angesehensten Verlage, erscheinen soll. Ein Freund, der New Yorker Anwalt Stanley D. Levison, hilft bei den letzten Formulierungen. Er meldet vorsichtig Kritik an und weist darauf hin, daß das Manuskript stellenweise den Eindruck macht, als wolle sich Martin alle Verdienste um den Busstreik in die eigene Tasche stecken. Selbst wenn es so wäre, würde es doch schlecht aussehen, warnt Levison und empfiehlt, die »egozentrischen Passagen« nochmals zu überarbeiten.
Martins Buch erscheint im Herbst 1958 und wird von der Presse mit viel Lob bedacht. Am 20. September nimmt Martin an einem improvisierten Stand in der Schuhabteilung des Harlemer Warenhauses Blumenstein Platz und signiert die ersten Exemplare. Eigentlich müßte er stolz und erleichtert sein, endlich das fertige Buch vor sich zu haben, aber richtig genießen kann er diesen Augenblick wohl nicht. Tags zuvor ist er auf dem Rücksitz der offenen Limousine, die ihn durch das Negergetto kutschierte, mit Eiern beworfen worden. Martin Luther King versteht die Slums der

Millionenstädte des Nordens nicht. Er ist Südstaatler, und die Schwarzen in Harlem erscheinen ihm wie eine andere Sorte von Mensch. Auch seine Ansprache gestern abend erntete nur geringen Applaus, die Buh-Rufe waren lauter. Die »Schwarzen Moslems«, oder wer sonst dahinter steckte, hielten nicht viel von dem Baptistenpastor, der seinen Leuten empfahl flachzuliegen, wenn die weißen Bullen über sie wegmarschierten. Vor Blumensteins Kaufhaus war er heute abermals mit Pfiffen empfangen worden. Kein würdiger Auftakt zu einer Buchpremiere.

Eine ganze Reihe von Leuten wartete jedoch auf seine Unterschrift. Er versuchte mit einzelnen Käufern ein paar Worte zu wechseln. Die nächste Frau erkundigte sich: »Sind Sie der Dr. King?«

Martin blickte auf. Eine dunkelhäutige Frau mittleren Alters stand vor ihm. Er lächelte ihr zu und sagte: »Ja, der bin ich.«

Der Ausdruck in ihrem Gesicht wechselte. »Hundesohn«, schrie sie ihn an. »Luther King, seit fünf Jahren bin ich hinter dir her!« Sie riß einen zwanzig Zentimeter langen Brieföffner aus der Tasche und stieß die Klinge King mit einem Ruck zwischen die Rippen. Nur der Griff sah noch heraus; er stak neben dem Brustbein.

Riesenlärm brach aus. Jemand versuchte das Mordinstrument zu entfernen, aber Martin hielt ihn mit einem abwehrenden Blick zurück. Ein schwarzer Reporter fotografierte über die Köpfe hinweg. Auf dem Bild sieht man King, umringt von einer erregten Menge, merkwürdig reglos sitzen, den Tod vor Augen, aber offenbar völlig gefaßt.

Im Harlem-Hospital ordnete man eine Notoperation an. Der leitende Chirurg und sein Team benötigten drei Stunden, bis sie das Messer entfernt hatten. Seine Schneide lag unmittelbar an der Aorta. Ein winziges Zucken hätte die Gefäßwand aufgerissen, und Martin wäre innerlich verblutet. Der Arzt erklärte der herbeigeflogenen Coretta: »Wir mußten zwei Rippen entfernen, um das Messer freizulegen, aber wir haben alles menschenmögliche getan. Es können in den nächsten drei Tagen noch Komplikationen auftreten, aber wir denken, daß alles gut verläuft und er sich vollständig erholen wird.«

Die Attentäterin wurde von der Polizei abgeführt und ihre Identität

festgestellt. Ihren Namen gab sie mit Izola Curry an, 42 Jahre alt. Die Geschichte der USA verzeichnet ganze Serien von politischen Mordanschlägen. Allein elf zielten auf Präsidenten oder Präsidentschaftsbewerber. Ronald Reagan war 1981 das letzte Opfer. Ungewöhnlich an dem Fall Curry war eine Frau in der Attentäterrolle. Der Polizeibeamte versuchte sie zum Reden zu bringen.
»Leute quälen mich«, gab Izola Curry als Grund an.
»Aber warum King?« wollte der Beamte wissen.
Sie antwortete: »Er will mich dem katholischen Glauben abspenstig machen. Und ich bin gegen die Integration.«
Zwischen ihren Brüsten fand man eine italienische Automatik mit bestückter Patronenkammer. Izola Curry wurde nach weiteren Verhören einer psychiatrischen Klinik überstellt.
Während des Busstreiks hatte auch King eine Pistole besessen. Sie lag griffbereit unter dem Kissen im Wohnzimmer. Er entledigte sich der Waffe, als einer seiner selbsternannten freiwilligen Leibwächter im Gebüsch vor dem Haus in der South Jackson Street beinahe einen Zeitungsjungen angeschossen hätte. Später stellte ihm die SCLC einen ehemaligen Armeeangehörigen als Leibwächter. King selbst verzichtete darauf, ein Schießwerkzeug bei sich zu tragen. »Ich lehre Gewaltfreiheit«, erklärte er, »und so habe ich mich entschieden, daß ich nicht mit einem Revolver leben kann. Also mußte ich mich mit dem Tod auseinandersetzen, und das habe ich getan. Von da an brauchte ich keine Waffe mehr, und seither lebte ich auch ohne Angst.«
In einem Land, wo alle 13 Sekunden eine Handfeuerwaffe verkauft wird, sagt diese Äußerung mehr über Martins Charakter als seine ganze Philosophie der Gewaltlosigkeit. Er war ein Mann, der wohl Furcht kannte, sich aber dem Zugriff der Angst entwunden hatte. Seit dem Attentat in Harlem beginnen sich Mythen um ihn zu ranken. Coretta verfiel ihnen als erste. Sie schrieb: »Ich mußte an den Palmsonntag denken, da Jesus nach Jerusalem ging und von den Leuten verherrlicht wurde. Der Dolchstoß war wie Gethsemane.«
Das Leben ihres Mannes sah sie nach dessen Ermordung im April 1968 dann vollends in einer »mystischen Übereinstimmung mit dem Leiden von Christus.« Nach Corettas Vorstellung sollte das Grab-

mal des »Märtyrers der Schwarzen« in Atlanta entsprechend zu einer nationalen Weihestätte, »bedeutender als das Lincoln Memorial oder der Parthenon in Griechenland«, ausgestaltet werden. Präsident Nixon, von der Idee zunächst angetan, zog später seine finanziellen Zusagen zurück. Die Witwe erklärte enttäuscht: »Wir hatten gemeint, die finanzielle Beteiligung des Bundes am Memorial hätte gegenüber unserem Land und den unterdrückten Völkern eine schöne Geste bedeutet.« Coretta setzte jedoch ihre Tatkraft beharrlich weiter daran, ihre Pläne zu verwirklichen. Martins Geburtshaus wurde mit einem Kostenaufwand von 160000 Dollar renoviert. Benachbart von der Ebenezer-Kirche entstand das Martin-Luther-King-Zentrum mit seinem Institut für »gewaltfreie soziale Veränderung«, verschiedenen Tagungsstätten, einer Kapelle, einem Kindergarten und einem Souvenir-Shop. Kings Marmorsarkophag ruht auf einem erhöhten Piedestal inmitten eines von Fontänen flankierten Wasserbeckens. Die Anlage ist Teil des US-Nationalparksystems und zieht jährlich Zehntausende von Besuchern und Pilgern aus aller Welt an. Der Gesamtkomplex soll nach seiner endgültigen Fertigstellung außerdem noch ein Altenheim, Hallenschwimmbad und mehrere Tennissportanlagen beherbergen. Der »Amerikanische Traum«, von dem sich Martin Luther King zu lösen versuchte, hat ihn hier in Atlanta eingeholt.

1958 war Martin dem fast sicheren Tod mit knapper Not entronnen. Nach vierzehn Tagen Klinikaufenthalt wurde er entlassen. Die Ärzte empfahlen eine mehrmonatige Ruhepause. Freunde vermittelten dem Ehepaar einen Indienbesuch. Im Frühjahr sind Martin und Coretta für vier Wochen Gäste der indischen Regierung. Ein volles Staatsprogramm läuft für sie ab. Gespräche mit den höchsten Politikern, Empfänge, Ehrungen und eine Studienfahrt durch den Subkontinent. Martin kommt durch indische Dörfer, steht vor dem Spinnrad Gandhis, legt Blumen an dessen Gedenkstätte nieder, ist beeindruckt von der Freundlichkeit der Menschen und seinem Empfang im Gandhi-Musterashram. »In andere Länder reise ich als Tourist, nach Indien komme ich als Pilger«, erklärt er seinen Gastgebern und verneigt sich. Kein Wort von den indischen Slums, den Kastenproblemen und Indiens geächteten Witwen, kein Wort über die gesellschaftliche Segregation auch hier, kein Wort von Indien auf dem Weg zur Atombombe. Martin absolviert eine Pilgerfahrt und sieht in Indien nur Gandhi und von Gandhi nur seine Legende. Völlig unkritisch begegnet er dem Land seines erwählten Heiligen, und ihm kommen lediglich Zweifel, ob er auch würdig sei, sich als dessen Schüler auszugeben. Gandhi propagierte den Hungerstreik als politische Waffe, aber Martin ißt gern, immer zuviel und gut. Gandhi war ein Asket, Martin jedoch ist ein Mann, der den Reizen keiner Frau widerstehen kann. Er trägt kein Lendentuch, sondern teure Kleidung, und er holt sich Blasen an den Füßen, wenn er ein paar Kilometer läuft, während sein indischer Meister quer durch den halben Subkontinent marschiert war.

Stanley Levison, Kings Freund, berichtet: »Martin hat oft davon gesprochen, daß er ein Armutsgelübde ablegen und alles loswerden wollte, was er besaß. Sein komfortables Leben bereitete ihm große Schwierigkeiten. Er hatte ein überaus empfindliches Gewissen und war sich ständig bewußt, wie privilegiert er war. Das beunruhigte ihn.«

Dabei hing er keineswegs am Geld und ging mit Dollarscheinen so achtlos um wie mit Kleenextüchern. Er hinterließ eine leere Brieftasche und besaß auch kein Schließfach in der Schweiz, wie sich das FBI zum Bedauern seines Direktors Hoover überzeugen lassen mußte. Dennoch ist aus Martin kein Gandhi geworden. Es war eben nicht einfach, in einer Überflußgesellschaft gegen den Strom zu schwimmen. Doch er hat es wenigstens versucht. Spätestens im Juli 1966, als er in eine Slumwohnung einzog; und wer weiß, hätte Martin Luther King auch nur annähernd das Alter Gandhis erreichen dürfen, vielleicht wäre er dann noch für manch andere Überraschung gut gewesen.

Am 10. März 1959 kehren Coretta und Martin in die Staaten zurück. Verpflichtungen erwarten ihn, er ist bereits zwei Jahre im voraus mit Terminen eingedeckt. Unterdessen schwelt der Rassenkonflikt weiter. Ein schwarzer Militärpolizist, der im Urlaub seine kranke Frau besuchen will, wird, nachdem er sich geweigert hatte, im Farbigenabteil eines Busses Platz zu nehmen, von einem weißen Ordnungshüter erschossen. Robert Williams, der NAACP-Vorsitzende in Nordkarolina, organisiert bewaffneten Widerstand gegen den Ku-Klux-Klan. Die Schwarzen Moslems stellen Kings Führungsanspruch in Frage und kritisieren Martins Philosophie der Gewaltlosigkeit als Ausverkauf schwarzer Interessen an die »blauäugigen Teufel«. Das erfolglose Taktieren der »Christlichen Führungskonferenz« mit den Regierungsbehörden läßt Martin Luther King zunehmend an Glaubwürdigkeit verlieren. Martin wird öffentlich als »Onkel Tom«, dem sanftmütigen Helden des Buchs von Harriet Beecher-Stowe, verspottet. Er kann dem allen nur wenig entgegenhalten; von vergangenen Siegen kann man nicht ewig leben.

Nach fünf Jahren Dexter entschließt sich Martin Luther King plötzlich, Montgomery zu verlassen und die zweite Predigerstelle an Daddy Kings Ebenezer-Kirche anzunehmen. Martin und Coretta gingen nicht gerne fort. »Montgomery bedeutete uns viel, denn Dexter war sein erstes Amt gewesen, und all das, was wir gemeinsam mit den Menschen dort durchgemacht hatten, verband uns eng mit ihnen«, schreibt Coretta. »Wir liebten die Gemeinde, und diese erwiderte unsere Liebe.« Doch Dexter sah seinen Pastor nur noch höchst selten auf der Kanzel. Veranstaltungen fielen aus, die Arbeit in den Beschlußgremien stockte, und der Gemeinderat mußte sich ständig nach neuen Vertretungen für Martin umsehen. Man versuchte dennoch, ihn zum Bleiben zu bewegen, aber Martin ließ sich nicht halten. Seine Verpflichtungen als Vorsitzender der SCLC, setzte er der Gemeinde auseinander, brachten ihn unaufhörlich in Konflikt mit seinen Amtspflichten als Pastor, und er mußte sich vorhalten, die ihm anvertrauten Menschen in den letzten Jahren zu sehr vernachlässigt zu haben.

Zählte Martin alles zusammen, fiel auch die Bilanz der Bürgerrechtsbewegung in Montgomery eher bescheiden aus. Die Verkehrsbetriebe waren integriert, aber sonst war »Jim Crow« wieder an seinem alten Platz. Er hatte immer noch die Gärtnerschürze um, polierte den Wagen seiner weißen Herrschaft, wurde wie eh und je »boy« gerufen und hauste weiter in seinen elenden Unterkünften. Parks, Sportanlagen, Schwimmbäder blieben auch nach dem Busstreik segregiert. In den übrigen Südstaaten sah es nicht besser aus. Das Integrationsurteil des Obersten Verfassungsgerichts blieb weithin unbeachtet. Nur vierzig Städte hatten ihre Segregationsbestimmungen geändert. Die Bewegung schien in eine Sackgasse geraten zu sein, und das Siegesgefühl von gestern hinterließ heute nur mehr einen schalen Geschmack. Letztlich muß die Trennung von Montgomery Martin erleichtert haben. Während der Möbelwagen die Stadt verließ, mochte Martin Luther King hoffen, wieder Spielraum zu gewinnen, um die Bewegung zurück auf die Straße des Erfolges zu bringen. In einem Fernsehinterview sagte er: »Die Zeit ist reif, daß unsere Kampagne im Süden auf ganzer Front einen Angriff zugunsten der Gleichheit unternimmt... Wir werden nicht nur die Kampagne für die Wählerregistrierung verstärken, sondern mit allen Mitteln gegen jede Diskriminierung und Segregation in all ihren Formen vorgehen.«

Ernest Vandiver, Regierungschef des Staates Georgia, der in Atlanta residierte, blickte der Ankunft Kings mit unguten Erwartungen entgegen. Man munkelte, der Gouverneur habe bereits verlauten lassen, er werde den »Unruhestifter« unter ständiger Überwachung halten.

1960–1962
Sit-ins, Kennedywahl, Albany

»Die nackte Wahrheit ist, daß der Neger bei den weißen Rassisten des Südens auf unbeugsame Feindschaft stößt, ob er sich nun um Gleichberechtigung in den Restaurants oder Autobussen bemüht oder ob er die ihm in der Verfassung garantierten Rechte fordert.«

Schwarze Jugendliche setzten das zweite Startdatum der Bürgerrechtsbewegung. Am 1. Februar 1960, einem Montag, marschierten vier achtzehnjährige Studenten des A & T-College in Greensboro, Nordkarolina, ins weiße Woolworth-Imbißlokal, nahmen am Tresen Platz und bestellten Kaffee. Sie konnten lange warten. Der Kaffee kam nicht. Nach ein paar Stunden verließen sie das Lokal, aber tags darauf und am folgenden Mittwoch fanden sich die vier aufs neue ein. Donnerstags schlossen sich ihnen mehrere weiße College-Mädchen an. Sie weigerten sich zu bestellen, solange ihre schwarzen Kommilitonen nicht auch bedient würden.
Ein Reporter interviewte die Besetzer von »Woolworth's Luncheonette« und brachte die »Sit-ins« der Studenten in die Tageszeitung. Damit hatte die Aktion ihren Namen. Am 10. Februar hatten die Sit-ins bereits auf fünfzehn Städte in fünf Staaten übergegriffen. In der Boykottstadt Montgomery wurde das Gerichtsgebäude zum Schauplatz des ersten Massen-Sit-ins; *Associated Press* meldete im März die Festnahme von über tausend Jugendlichen bei den jüngsten Integrationsaktionen. Die Phase der »gewaltfreien Konfrontation« begann, schwarze und weiße Schüler wie Studenten hatten sie gemeinsam ins Leben gerufen. »Black and white together«, schwarz und weiß zusammen, hieß es in dem Bürgerrechtslied, das in diesem Jahr entstand, und »black and white together« wurde zur neuen Parole der Bewegung, die damit zum erstenmal die Farbgrenze überschritt.
Anders als Rosa Parks 1955 waren die »Vier von Greensboro« nicht völlig unvorbereitet und überraschend in den Konflikt hineingeschliddert. Joseph McNeil war als erstem der Einfall gekommen, provokativ in ein weißes Restaurant zu marschieren. Auf der Rückreise von den Weihnachtsferien war ihm auf einem Busbahn-

hof die Bedienung ausgeschlagen worden. Das mußte den schwarzen Studenten eigentlich nicht überraschen. »Ein Neger«, schreibt Coretta, »konnte außerhalb des schwarzen Viertels so gut wie nirgends auch nur ein Glas Mineralwasser bekommen, wenn er nicht zum Nebeneingang eines Drugstores ging und es sich herausreichen ließ.« Doch Joseph McNeil ärgerte sich trotzdem. Zurück im College besprach er sich mit seinen Freunden Ezell Blair, Franclin McCain und David Richmond. Die vier beschlossen etwas zu tun. »Wir hatten nichts zu verlieren«, erinnerte sich Richmond nach fünfzehn Jahren. »Aber indem wir uns an den Tresen setzten, erreichten wir viel.«

Die Jugendlichen saßen bald überall, blockierten die Gleise von Militärzügen, hockten auf den Stufen weißer Kirchen, schwammen, black and white together, in segregierten Swimmingpools, nannten Polizisten »pigs« und Bullen und bezeichneten sich selbst liebevoll als »kids«.

Die Beat-Generation, mit schwarzem Sound jenseits der Rassenlinie aufgewachsen, gab der Bürgerrechtsbewegung die Aktionsinitiative zurück. Anders als die Teenager der frühen fünfziger Jahre waren die jungen Leute keine gesichtslosen Duplikate ihrer ebenso faden Eltern. »Langes Haar ist unsere schwarze Haut«, verkündeten weiße Mädchen und belächelten mitleidig ihre Dauerwellenmütter. Die ungekämmten Jungen ließen sich Bärte stehen, beide Geschlechter kleideten sich im Unisex-Look. Ausgebleichte, fransige Jeans, alte Klamotten, Sandalen und Mokassins signalisierten Protest und Anpassung nach unten, Solidarität mit den Habenichtsen der Überflußgesellschaft. Jerry Rubin: »Die amerikanischen Mythen – von George Washington über Superman und Tarzan bis John Wayne – sind tot. Die Jugend Amerikas muß sich ihre eigenen Mythen schaffen.« In den Augen des »Establishments«, das den stabilen Status quo repräsentierte, waren die gegenangepaßten Kids »Nigger-Lovers« und kriminelle Anarchisten. Expräsident Truman befand, die Studenten-Demos und Sit-ins seien von »Kommunisten gesteuert«, und erklärte, wenn er ein Lokal besäße, würde er Demonstranten daraus nötigenfalls »mit Gewalt entfernen«.

Die traditionelle Großorganisation der Bürgerrechtsbewegung,

NAACP, die bisher ihre Erfolge ausschließlich »auf legalem Wege« errungen hatte, hielt sich gegenüber den jungen Marschierern auf Distanz. Aber kritische Vertreter der Schwarzamerikaner entdeckten in den jugendlichen Demonstranten die natürlichen Verbündeten der Bewegung. Harry Belafonte, aufgebracht von brutalen Polizeimaßnahmen gegenüber den Jugendlichen, dachte laut darüber nach, die 46 Meter hohe Freiheitsstatue New Yorks schwarz zu drapieren, und richtete mit seiner Frau Julie ein öffentliches Spendenkonto zur Unterstützung der Studentenbewegung ein. Ella Baker, die Geschäftsführerin der »Christlichen Führungskonferenz«, knüpfte die ersten Verbindungen der SCLC zu der neuen Demonstrationsbewegung. Sie befürchtete, die Begeisterung der Studenten werde bald verpuffen, wenn es nicht gelänge, ihre Aktivitäten organisatorisch zu koordinieren.
Ella Baker, eine dunkelhäutige, hübsche junge Frau, war eine ebenso loyale wie kritische Mitarbeiterin Martin Luther Kings. Sie verstand es, seine Unterstützung für ihre Pläne zu gewinnen, und brachte in der Nähe von Greensboro ein Schüler- und Studententreffen zustande. 212 Delegierte beider Hautfarben reisten an. Mehrere Redner versuchten den Kurs der neuen Bewegung abzustecken. Auch King hatte ein Referat übernommen. In der Diskussion stellte er sich nachdrücklich hinter die gewaltfreie Konfrontationsstrategie der Studenten und schlug vor, segregierte Geschäfte massiv zu bestreiken und eine Armee von Freiwilligen zu gewinnen, die bereit wären, die Gefängnisse zu füllen, und es ausschlügen, sich durch Entrichtung von Geldstrafen oder Kautionen aus der Haft freizukaufen.
Den Delegierten erschien Kings Programm zu zahm. Ella Baker bemerkte nach der Tagung: »Die Studenten anerkannten Kings Pionierleistungen, doch ihren Führer sahen sie in Martin nicht.« Aber sie schrieben seine Philosophie der Gewaltfreiheit mit in ihr Programm und nannten sich »Student Nonviolent Coordinating Committee«, Koordinationskomitee gewaltfreier Studenten, abgekürzt SNCC.
Kings Einstellung, das gemeinsame Sicherheits- und Überlebensinteresse von Konfliktpartnern müsse auch die Form ihrer Auseinandersetzung mitbestimmen, teilten jedoch die meisten Anwesenden

nicht ohne weiteres. Was für King eine moralische Haltung war, stellte sich ihnen eher als eine Kampfstrategie dar, zu der es im Augenblick keine sinnvolle Alternative gab. Seine Forderung, lieber ins Gefängnis zu gehen als Kautionen zu leisten, »jail, no bail«, wie die Losung bald hieß, konnten allerdings beide Organisationen unterschreiben. Eine Arrestierung Tausender von Demonstranten mußte die Forderungen der Bürgerrechtsbewegungen in der Öffentlichkeit wirkungsvoll unterstützen.

Eine Besonderheit des amerikanischen Prozeßverfahrens kam dabei den Demonstranten zugute. Es erlaubte selbst bei geringfügigen Übertretungen, etwa der örtlichen Fischereigesetze, den Beschuldigten in Untersuchungshaft zu nehmen. In der Regel konnte man sich aus dem polizeilichen Gewahrsam jedoch gegen Hinterlegung einer Geldsumme, der Kaution, bis zum Zeitpunkt der Gerichtsverhandlung auslösen. Die Devise »jail, no bail« brachte die Justizbehörden in Bedrängnis und erwies sich in der Folgezeit als eins der wirksamsten Konfrontationsmittel der Bewegung. Die Zahl der Festnahmen erschöpfte die Kapazität der Gefängnisse, und die enorme Menge der anhängenden Verfahren sabotierte die Arbeit des Justizapparats.

Die Gründungsversammlung des studentischen Koordinationskomitees SNCC schloß mit dem Lied »We shall overcome«, das zur Marseillaise von Martin Luther Kings Bürgerrechtsbewegung wurde. »Ich höre noch immer Kings Stimme«, erinnert sich sein Biograph John A. Williams. »Sie kam aus den letzten Winkeln seiner Lunge, seine Lippen waren weit geöffnet, und seine schrägen Augen hatten den Ausdruck angespannter Konzentration.« Die ursprüngliche Vorlage des Liedes war ein baptistischer Erwekkungschoral, dessen Text »I'll overcome someday – eines Tages werde ich überwinden«, von den Studenten zum Kampflied aktualisiert wurde. Bald sang es die ganze Welt, arabische Frauen im besetzten Westjordanland, Ostermarschierer in der Bundesrepublik.

Im Mai 1960 muß sich King wegen eines Verstoßes gegen die Straßenverkehrsordnung vor dem Richter verantworten. Er hatte versäumt, sein Auto vom Staat Alabama ordnungsgemäß nach Georgia umzumelden, und wurde ein paar Kilometer hinter

Atlanta im Landkreis De Kalb von einer Verkehrskontrolle gestellt. Martin hinterlegte Kaution und erhielt am nächsten Tag eine Geldbuße in Höhe von fünfundzwanzig Dollar zudiktiert. Es war ein angemessenes Strafmaß. Böswillig dagegen war die zusätzliche Auflage von einer zwölfmonatigen Bewährungsfrist. Der Landkreis De Kalb war als eine Hochburg des Ku-Klux-Klan bekannt, und Richter Oscar Mitchell hatte offenbar der Versuchung nicht widerstehen können, dem ärgerlichen Unruhestifter eins auszuwischen.

Im Oktober wurde Atlanta der Schauplatz einer konzertierten Sit-in-Aktion. Die Studenten hatten die Kampagne sorgfältig vorbereitet, und Martin wie auch sein Bruder Alfred-Daniel beteiligten sich. Die schwarze Oberschicht der Stadt versuchte die Demonstranten zu mäßigen. Einer ihrer Sprecher erklärte den Studenten: »Seht mal, Kids, wir sind hier zu Haus. Wir haben die gleichen Ziele wie ihr, aber wir wissen, man kann nicht alles über Nacht erreichen. Wir haben unsere Erfahrungen; man muß langsam vorgehen, wenn man dauerhaften Erfolg haben will. Wir möchten nicht, daß ihr einen Rückschlag erleidet und daß ihr Sachen kaputtmacht, wofür wir hart gearbeitet haben. Was euch fehlt, ist Augenmaß, und wir hoffen, daß ihr so vernünftig seid, euch von uns beraten zu lassen.«

Eine andere Reaktion hatten die Studenten nicht erwartet. Um so höher schätzten sie Martins Bereitschaft ein, sich mit ihnen zu solidarisieren. Der Zweitpastor von Ebenezer erschien wie die anderen Demonstranten mit Protestplakaten behangen in der weißen Cafeteria von *Rich's Department Store,* einem der größten Warenhäuser des Südens, steuerte in den Magnolienraum und verlangte bedient zu werden. Dick Rich, der Besitzer, erkannte Martin. »Warum gerade ich?« fragte er mit Tränen in den Augen. Jedermann in Atlanta wußte, daß Dick Rich viel für die Schwarzen getan hatte und ihre Colleges und andere öffentliche Einrichtungen der schwarzen Bevölkerung jährlich mit ansehnlichen Spenden bedachte. Unterdessen hatte das Geschäftsmanagement die Polizei verständigt, und Martin Luther King wurde mit Dutzenden anderer Demonstranten festgenommen, ins Stadtgefängnis eingeliefert und wegen Hausfriedensbruch angeklagt. Die Demonstranten weigerten sich, Kautionen zu stellen. Martin äußerte sich gegenüber Pressevertretern: »Ich bleibe ein Jahr im Gefängnis oder wenn es sein muß auch zehn Jahre, wenn es solange dauert, *Rich's* zu desegregieren.«

Daddy King war strikt gegen die Besetzung von *Rich's Cafeteria* gewesen. Und daß sich seine beiden Söhne dazu hergaben, einen der angesehensten Bürger der Stadt in Verlegenheit zu bringen, brachte ihn zur Weißglut. Als er jedoch die Reaktionen seiner weißen Mitbürger sah, fragte er sich entsetzt: »Was war es, das die Gesichter von Hausfrauen und Büroangestellten zu Fratzen des Zorns und der mörderischen Wut verzerrte? Diese Raserei flößte vielen Studenten mehr Angst ein als die Gefahr für Leib und Leben. Wir alle fragten uns unwillkürlich, mit was für Menschen uns die Integration zusammenbringen würde.«

Der Bürgermeister versuchte einzulenken. Hartsfield praktizierte Gerechtigkeit innerhalb der Segregationsgesetze. Schon 1948 hatte er beim Magistrat die Einstellung von drei schwarzen Polizisten durchgesetzt, und das war für diese Zeit ein beispielloser Vorgang. Hartsfield wollte jetzt vor allen Dingen King und die Studenten aus dem Gefängnis haben, um Zeit zu gewinnen. Er handelte mit den Protestlern ein zweimonatiges Stillhalteabkommen aus. Bis dahin war das Weihnachtsgeschäft vorbei, dann konnte man sehen, wie die Sache weiterging.

Martin und die Studenten akzeptierten, und sie wurden auf freien Fuß gesetzt. Eine unvorhergesehene Intervention durchkreuzte jedoch Hartfields lautlose Lösung und verhinderte Martins Freilassung.

Im Stadtgefängnis erschien Richter Oscar Mitchell, der den Pastor im Mai wegen ungültiger polizeilicher Kennzeichen zu fünfundzwanzig Dollar Geldstrafe verurteilt hatte. Mitchell präsentierte einen Haftbefehl gegen Martin Luther King: Der Beschuldigte war innerhalb seiner Bewährungszeit straffällig geworden. Hartsfield waren die Hände gebunden, er konnte nichts mehr für Martin tun. Drei Tage darauf wurde Martin Luther King dem Kreisgericht des De-Kalb-Distrikts überstellt.

Der Gerichtssaal war bis zum Bersten gefüllt. Pressefotografen erschienen, Daddy King saß mit Chris, Kings Schwester, Alfred-

Daniel und Coretta im Zuhörerraum. Die Verhandlung endete mit einem Schuldspruch. Mitchell verkündete: »Ich erkläre den Angeklagten für schuldig und verurteile ihn zu sechs Monaten Zwangsarbeit in der staatlichen Besserungsanstalt von Reidville.« Martin erstarrte. Dann legte er Berufung ein und bat, bis zum Verfahren vor der nächsthöheren Instanz gegen Kaution auf freien Fuß gesetzt zu werden. Mitchell lehnte ab.

»Es war ein schlimmer Schock für uns alle«, schildert Coretta ihre Reaktion. »Ich war im fünften Monat und mit den Nerven herunter. Christine brach in Tränen aus, und bei ihrem Anblick weinte ich zum erstenmal seit Beginn der Bewegung 1955 in der Öffentlichkeit.«

Martin wurde in seine Zelle gebracht, nur sein Vater und Coretta durften ihn noch einmal sehen. Ihr kamen wieder die Tränen. Martin nahm sie in den Arm und sagte: »Wir müssen uns darauf einstellen, daß ich die Zeit abarbeiten muß. Corrie, Liebes, du mußt stark sein.«

Um Mitternacht wurde King aus dem Schlaf geschreckt, bekam Handschellen und Fußketten angelegt und wurde mit dem Auto dreihundert Kilometer landeinwärts verfrachtet. Er machte sich darauf gefaßt, unterwegs gelyncht zu werden. Bei Tagesanbruch lieferten ihn die Beamten im Staatsgefängnis von Reidville ab. Er durfte mit seiner Frau telefonieren. Coretta wurde es beim bloßen Gedanken daran übel, daß Martin nun mitten im »Schlägerland« festsaß.

Zwischen Washington und Georgia liefen die Leitungen heiß. Die Medien berichteten von Kings Verurteilung zur Zwangsarbeit. Jeder in den USA wußte, was das hieß, wie Arbeitsaufseher mit unliebsamen Häftlingen verfuhren. Der Fall King war zum politischen Skandal geworden. Und in den Staaten standen Präsidentschaftswahlen an. Eisenhower hatte sich entschlossen, nicht noch einmal zu kandidieren, und statt des Generals hatten die Republikaner den amtierenden Vizepräsidenten Nixon zu ihrem Kandidaten nominiert. Bei den Demokraten bewarb sich der Senator John F. Kennedy um das Präsidentenamt.

Kennedys Wahlkampfstrategen rieten ihm, Coretta anzurufen und ihr sein Mitgefühl auszusprechen. »Das ist eine gute Idee«, meinte

Kennedy. »Warum nicht? Hat jemand die Nummer? Holt sie an den Apparat.«
Coretta war nach dem Anruf grenzenlos erleichtert und dankbar. Sie wußte, was für ein Risiko Kennedy mit seiner Sympathieerklärung eingegangen war. Er konnte damit die Stimmen der Schwarzen, die in den Großstädten des Nordens über einen beträchtlichen Stimmenanteil verfügten, auf seine Seite ziehen, aber im Gegenzug die weißen Südstaatenstimmen verlieren. Gegenüber der Presse äußerte sie: »Es hat mir wirklich gutgetan, daß Kennedy mich angerufen und mir seine Anteilnahme ausgesprochen hat. Ich hatte den Eindruck, daß er sehr besorgt war und einen Weg zu finden versuchte, um Dr. King freizubekommen.« Die Republikaner konnten sich über die Wahlthematik nicht schlüssig werden. Im Weißen Haus hatte man zwar eine Verlautbarung vorbereitet, in der es hieß, Eisenhower wolle sich um Kings Freilassung bemühen, aber die Erklärung des Präsidenten wurde, aus was für Gründen auch immer, dann doch nicht gesendet.
Kennedys Bruder Robert, Jurist und Anwalt, wurde direkt bei Richter Mitchell vorstellig. »Ich rief ihn an, weil ich eine Stinkwut auf den Bastard hatte. Wie kann man jemand wegen einem lächerlichen Verkehrsdelikt zu monatelanger Zwangsarbeit verknacken«, schnaubte er und griff zum Hörer. »Der Kerl macht Amerika lächerlich vor der ganzen Welt!«
Kurz nach dem Anruf gab Richter Mitchell der Presse gegenüber bekannt, er habe, »von zwei Seiten unter Druck gesetzt«, Kings Antrag auf Haftaussetzung bis zum Berufungsverfahren entsprochen.
Am 28. Oktober wurde Martin Luther King aus der Haft entlassen. Daddy veranstaltete in Ebenezer einen Dankgottesdienst. Coretta strahlte. »Aus der ganzen Stadt kamen Leute«, schreibt sie. »Martin erzählte von seinen Erfahrungen im Gefängnis, sagte jedoch nichts Politisches. Daddy King jedoch, der vorgehabt hatte, für Nixon zu stimmen, tat sich keinen Zwang an. Mit dröhnender Stimme rief er in die Menge: ›Wenn ich einen Koffer voll Stimmen hätte, würde ich sie samt und sonders Senator Kennedy vor die Füße legen.‹«
Bis zur Wahl blieben noch zehn Tage. Als am 8. November

ausgezählt wurde, zeigte sich, daß zwei Drittel der Schwarzamerikaner für den demokratischen Präsidentschaftsbewerber gestimmt hatten. Kennedy wurde mit einer hauchdünnen Mehrheit ins Amt gewählt. Das Votum der Schwarzen hatte dabei den Ausschlag gegeben.

Die Amtseinführung des neuen Präsidenten gedieh zu einem glänzenden Spektakel. Am Capitol schraubten Monteure die Stahlrohrtribüne für den feierlichen Auftritt zusammen, das Gartenamt sprühte grüne Farbe über den winterfahlen Rasen. John F. Kennedy hielt Hof, und alle kamen. Der Familienklan, Filmstars, Schriftsteller, Sportler, alle, die seinen Wahlfeldzug unterstützt hatten. Kennedys Einführungsrede setzte der Nation neue Ziele, beschwor das Bild einer in Frieden geeinten Menschheit. »Laßt uns gemeinsam die Sterne erforschen«, rief er, »die Wüsten erobern, die Krankheiten ausrotten, die Meerestiefen ergründen und Kunst und Handel fördern!« Mit seinem Appell zum Aufbruch nach vorn hatte Kennedy den richtigen Ton getroffen, es war sein Wahlslogan gewesen: »Ich fordere euch alle auf, werdet Pioniere einer neuen Front. Die ganz Menschheit wartet auf unsere Initiative.« Seine visionäre Begeisterung riß mit, steckte an, und als er mit hallender Stimme vor dem Kapitol verkündete: »Ich glaube nicht, daß ein einziger von uns mit irgendeinem anderen Volk tauschen möchte«, erhielt er anhaltenden Applaus.

Eine Woge von Optimismus überrollte das Land. Amerika befand sich in einer Dekade wirtschaftlichen Aufschwungs, die Wohlstandsgesellschaft war auf dem Weg zur Überflußgesellschaft. Wenige Monate nach seiner Vereidigung griff John F. Kennedy tatsächlich nach den Sternen. Er forderte vor dem Kongreß: »Die Nation sollte sich zum Ziel setzen, noch vor Ende dieses Jahrzehnts einen Menschen auf dem Mond landen zu lassen und sicher wieder zur Erde zurückzubringen.«

Martin Luther King konnte sich für Kennedys Feuerwerk nicht begeistern. »Der Präsident hat zehn Jahre dafür angesetzt, einen Mann auf den Mond zu schicken«, kommentierte er böse, »aber es gibt kein Programm, einen Neger ins Parlament von Alabama zu bringen.« King war enttäuscht, und seine Zweifel an der moralischen Erneuerungskraft der Nation wuchsen. In einer Ansprache

an der Lincoln-Universität befand er, es sei an der Zeit, »diese Nation umzukrempeln und wieder richtig aufzubauen.«
Ein Buch von Michael Harrington, das in den sechziger Jahren erscheint, bestätigte Martins Sicht. Harrington richtete den Blick des Lesers auf das »andere Amerika«, den armen Lazarus vor der Tür des Reichen, und kam zu dem Ergebnis: »Millionen Bürger leben mitten unter uns in bedrückender Armut, aus der sie keine Chance haben jemals zu entkommen.« Mit dem Apollo-Budget, halten Kritiker wie Harrington Kennedy vor, solle man sinnvoller das Gefälle zwischen arm und reich verringern, das Gesundheitswesen fördern und Schulen unterstützen, statt »Reichtum, Talent und Ehre der Nation um den Preis von Schlagzeilen zu verpfänden.« Die NASA und den *Reader's Digest* ficht das nicht an. Sie konterten, die wissenschaftlich-technischen Nutzeffekte, der »fall-out« des Mondprojekts, werde der Nation einen beispiellosen sozialen Fortschritt bringen.
Unterdessen nahmen die jungen Bürgerrechtler der SNCC Kennedys Appell, Pioniere einer neuen Front zu werden, wörtlich. Sie beschlossen 1961, »die Sit-ins auf die Straße zu verlegen«. Schwarze und weiße Freiwillige bestiegen im Mai Überlandbusse der zwischenstaatlichen Verkehrsgesellschaften mit der Route durch die Staaten Virginia, Nord- und Südkarolina, Georgia, Alabama und Mississippi. Sie wollten, »black and white together«, demonstrativ in den segregierten Busbahnhöfen Bedienung verlangen. Die »King-riders«, wie sie sich nannten, hatten den neuen Justizminister, Kennedys Bruder Robert, von ihrem Vorhaben unterrichtet und planten mit Martin Luther King eine Kundgebung in der Busstadt Montgomery.
Sie konnten sich ausrechnen, daß ihnen einiges bevorstand, doch es kam noch schlimmer. In Südkarolina wurden sie von einer Abordnung von Kapuzenmännern empfangen, dahinter stand Polizei in Bereitschaft. Die Ku-Klux-Klan-Männer griffen sich einen schwarzen Jugendlichen, der einen Warteraum für Weiße betreten wollte, und schlugen ihn zusammen. Ein weißes Mädchen war die nächste. Der Mob schrie »Nigger-Lovers«, attackierte einen ehemaligen Marineinfantristen unter den King-riders und traktierte den am Boden liegenden Mann mit wütenden Fußtritten. Jetzt erst schritt die Polizei ein.

Vor Anniston, auf dem Highway nach Birmingham, hatten Schlägertrupps die Fahrbahn mit Barrikaden blockiert. Als der Bus stoppte, schlugen sie die Fenster ein und schleuderten eine Benzinbombe zwischen die Sitze. Die Insassen retteten sich ins Freie, und die Blockierer fielen über sie her. Der Bus blieb mit zerfetzten Reifen ausgebrannt am Straßenrand liegen. Ein nachfolgender Bus ließ die Studenten zusteigen und brachte sie nach Anniston. Dort stürmten acht maskierte Männer den Eingang und zwangen den Fahrer, Birmingham anzusteuern. Am Busbahnhof Birminghams hielten sich die nächsten Gegendemonstranten bereit. Sie befahlen den jungen Leuten auszusteigen, und das Massaker ging weiter. Die Polizei kam zu spät. Die King-riders retteten sich in ein Krankenhaus, bekamen ihre Wunden vernäht, ließen sich verbinden und bandagieren und schlugen sich zum Flugplatz vor der Stadt durch. Sie entkamen mit einer Maschine nach New Orleans.
Abends sah Martin Luther King in den Fernsehnachrichten die Knüppelszenen. Er telefonierte von Atlanta aus mit Washington und verlangte, das Justizministerium müsse eingreifen. »Wir halten uns auf dem laufenden«, erklärten ihm die Beamten. Martin versuchte den Präsidenten und den Justizminister persönlich zu erreichen, bekam aber keine Verbindung.
Bald darauf wurde er benachrichtigt, daß ein neuer Bus mit »Freiheitsfahrern« nach Montgomery unterwegs sei. Diesmal waren die King-riders in Begleitung eines Beamten vom Justizministerium. Sie wurden in Montgomery von 300 aufgeputschten Weißen empfangen, deren Zahl schnell weiter anwuchs. Der Angriff auf die gewaltfreien Studenten steigerte sich zu einer Orgie von Gewalttätigkeit. Der Beobachter des Justizministeriums wurde niedergeknüppelt, ein weißer Student bekam die Zähne ausgeschlagen, der Reporter von *Time-Life* flog durch die Luft. Erst nach zwanzig Minuten tauchte die Polizei endlich auf. Sie zerstreute die Menge, nahm aber keine Verhaftungen vor und auch keine Zeugenprotokolle auf.
Ein Reporter verlangte, der Polizeikommissar solle Notarztwagen herbeirufen. »Alle Ambulanzen in der Stadt haben gemeldet, daß ihre Wagen nicht einsatzfähig sind«, bekam er zur Antwort.
Ralph Abernathy erschien ebenfalls zu spät auf der Szene. Ihm

blieb nur noch übrig, die Verwundeten aufzulesen. Der Führungsstab der SCLC war von den Ereignissen offenbar völlig überrascht, zumindest schien keiner einen derartigen Ausbruch von Brutalität vorausgesehen zu haben.
Kritik an Martin Luther King wurde laut. »Kein echter Führer mutet seinen Gefolgsleuten Opfer zu, die er selbst nicht bringt«, formulierte einer der Teilnehmer. »Gandhi war stets in der vordersten Linie und erduldete mit seinen Leuten gemeinsam die Schläge.« Abends brachten die Lokalnachrichten einen Aufruf der »Christlichen Führungskonferenz«. Martin kündigte darin für den nächsten Tag eine Protestversammlung an. Sie sollte abends in Ralphs Kirche, der First Baptist Church von Montgomery, stattfinden.
Inzwischen reagierte das Bundesjustizministerium. Es überstellte 600 bewaffnete Bundesbeamte nach Montgomery, um die Demonstranten vor weiteren Übergriffen zu schützen. Patterson, der Regierungschef von Alabama, drohte, Kennedys Eingreifkommando verhaften zu lassen. Die örtliche Polizei sei Herr der Lage, und Alabama verbäte sich Eingriffe des Bundes in seine inneren Angelegenheiten. Die Situation war gespannt.
Der Chef des FBI, Edgar J. Hoover, beorderte Agenten in »verdecktem Einsatz« an Ort und Stelle. Er verlangte von seinen Beamten Informationen zur Person von Martin Luther King. Es stellte sich heraus, daß King noch nicht vom FBI »durchleuchtet« war. Hoover schrieb an den Rand der Akte: »Und warum nicht? Beschafft mir genaue Details.«
Damit begann der Bürgerrechtspastor beim Bundeskriminalamt aktenkundig zu werden. Die Ermittlungstätigkeiten des FBI wuchsen sich im Lauf der Jahre zu einem Kesseltreiben gegen ihn aus. 1975 untersuchte ein Senatsausschuß Hoovers Aktivitäten gegen Martin Luther King und kam zu dem Schluß: »Die Unterlagen des FBI machen deutlich, mit welchem Erfolg es der Kampagne gelungen war, King in einen bedrohlichen Dauerzustand von innerer Verängstigung zu versetzen.«
Vor Ralphs Kirche erwartete die Kundgebungsbesucher ein Aufgebot von mehreren tausend Gegendemonstranten. Zum Teil waren sie mit Bussen und Autos nach Montgomery gekommen. Sie

umdrängten das Gebäude, und die zwölfhundert Versammlungsteilnehmer, überwiegend Schwarze, passierten eine Mauer von Haß, bis sie die Kirchentür erreichten. Die sechshundert Bundesbeamten gingen in der Menge unter, und die städtische Polizei stand am Gehsteig und tauschte Freundlichkeiten mit den Gegendemonstranten aus.

Während Martin in der Kirche sprach, gellte es draußen: »Wir wollen auch integrieren!« Die Belagerer jubelten, und dann ging eine Kaskade von Steinen, Flaschen und Stöcken auf das Gebäude nieder. Die Fenster splitterten, überschütteten die Leute in den Bänken mit Scherben. Männer und Frauen schrien. Martin bemühte sich, Ruhe zu schaffen. »Die letzte Verantwortung für diese schmutzige Aktion liegt beim Gouverneur dieses Staates«, rief er. »Wir hören die üblichen Ausflüchte, daß man Moral nicht gesetzlich vorschreiben kann. Das mag sein, aber Verhalten kann gesteuert werden. Das Gesetz kann einen Mann nicht dazu bringen, mich zu lieben, aber es kann ihn daran hindern, mich umzubringen.«

Steine prasselten ins Gebäude, Tränengasschwaden zogen durch die Fenster. Leute husteten und weinten. Martin ging vor die Tür, um die Menge zum Abzug zu bewegen. Eine Tränengasbombe zischte an seinem Kopf vorbei. Eine Stimme schrie: »Nigger, wir kriegen dich noch!«

Freunde zerrten Martin ins Innere. Er rannte ans Telefon, erreichte Washington, Robert Kennedy persönlich, und forderte Verstärkung der Bundespräsenz an. Die Belagerer schienen nur noch den geeigneten Augenblick abzuwarten, um die Kirche zu stürmen. Der Justizminister stellte Gouverneur Patterson ein Ultimatum: Entweder Patterson setzte reguläre Truppen ein, oder Washington übernehme in Montgomery die Befehlsgewalt. Der Regierungschef gab nach und hieß die Nationalgarde von Alabama aufmarschieren.

Die Belagerung fand erst in den Morgenstunden ihr Ende. In der Kirche sang man Freiheitslieder, Ralph sprach, und die Leute beteten. Im ersten Tageslicht verließen sie das Gebäude. Sie waren gerettet, einem drohenden Blutbad entronnen. Die zusammengeschmolzene Gruppe von »Freiheitsfahrern« verließ, von Hubschraubern begleitet, die Stadt in Richtung Jackson, Mississippi, um ihre Mission fortzusetzen.

Montgomery erregte das Gemüt der Nation und gab dem Weißen Haus Gelegenheit, bei der »Zwischenstaatlichen Handelskommission«, dem Dachverband der Überlandbetriebe, auf Beseitigung der Rassentrennungsbestimmungen in ihren Einrichtungen zu dringen. Die Desegregationsverordnung trat am 1. November 1961 in Kraft. Letzten Endes hatten die »Freiheitsfahrer« der Regierung geholfen, einen Zustand zu beseitigen, der dem Weißen Haus in zunehmendem Maß peinlich geworden war. Seit die Staaten der Dritten Welt unabhängig geworden waren, disqualifizierte die Rassentrennungspolitik im eigenen Land die Rolle der USA als »Wächter auf den Wällen der freien Welt«, wie John F. Kennedy sich ausgedrückt hatte. Wenn etwa der Botschafter von Kamerun, der den Präsidenten auf seinem Landsitz in Palm Beach, Florida, besuchen wollte, unterwegs auf segregierte Toiletten verwiesen wurde, mußte das bei dem auswärtigen Gast einen fatalen Eindruck hinterlassen. »Nichts ist so demütigend«, schreibt Kings Biograph Williams, »nichts kann einen mehr in mörderische Wut versetzen, als wenn du weißt, nur weil du schwarz bist, mußt du zum Urinieren eine halbe Meile weiter gehen als die Weißen.«

Ende 1961 verschwanden die Rassentrennungshinweise aus den Überlandbussen. Am Eingang war jetzt zu lesen: »Die Sitzordnung richtet sich nicht nach Rasse, Hautfarbe, Glaube oder nationaler Zugehörigkeit.« Die Schwarzen, die den Hinweis lasen, wußten, was dieser Satz gekostet hatte.

Die Freiheitsfahrten waren ein Erfolg, doch den Durchbruch brachten auch sie nicht. Die Aufhebung der Rassentrennung in den Bussen brachte keine Gleichberechtigung; die Farbgrenzen blieben intakt. Deutlich wurde das an den Schulen. Auch sieben Jahre nach dem Integrationsurteil des Obersten Gerichtshofs waren erst sieben Prozent der kommunalen und staatlichen Bildungseinrichtungen der Südstaaten desegregiert. Das Schulgesetz blieb Papier und würde auch Papier bleiben, solange Washington es nicht mit wirksamen Durchführungsbestimmungen ausstattete. Doch bei dem zu erwartenden Widerstand scheute sich Kennedy, entsprechende Vorlagen im Kongreß einzubringen. So gesehen, bemerkte King sarkastisch, werde man wohl noch weitere dreiundneunzig Jahre brauchen, bis schwarze Kinder bei weißen sitzen dürften.

Martin Luther King wollte nicht mehr länger warten. Er suchte nach einem geeigneten Schauplatz für eine öffentliche Konfrontation mit dem rassistischen System. Er fand ihn in Albany, 400 Autokilometer südwestlich von Atlanta.
Hier im tiefsten Süden der Staaten hatte man früher Baumwolle geerntet und einstmals Sklaven gezüchtet. Heute erstreckten sich meilenweit Erdnußfelder übers Land, und die Arbeit besorgten Maschinen. Die Schwarzen waren überflüssig geworden. Aber es gab sie noch immer. Trotz der aussichtslosen Situation waren nur wenige von ihnen in die Industriestädte des Nordens abgewandert. Bei 35000 Einwohnern stellten die Schwarzen in Albany 45 Prozent der Gesamtbevölkerung. Die Weißen lebten komfortabel im Norden der Stadt, die Schwarzen hausten in ihren »shacks«, einer Mischung von Gartenlaube und Sperrmüllablage, auf der Südseite Albanys. Die Rassengrenze war eindeutig und klar. Unter den städtischen Bediensteten sah man kein schwarzes Gesicht, und der lilienweiße Magistrat dachte auch nicht daran, das zu ändern. Die Parks waren segregiert, ebenso die Büchereien, Kirchen, Schwimmbad und Kino. Selbst die Bus- und Bahnstationen waren entgegen den jüngsten Bestimmungen noch immer nicht integriert.
Seit Ende 1961 arbeitete eine Gruppe des studentischen Koordinationskomitees SNCC in der Stadt. Ihr Sprecher, Charles Sherrod, Theologiestudent, war ein erfahrener Mitarbeiter der Organisation. Sherrod und seine Gruppe hatten an Sit-ins und Freiheitsfahrten teilgenommen, Aktionskurse absolviert und gingen nun in Albany daran, die schwarzen Wähler zu schulen.
Unter der farbigen Bevölkerung gab es hundert oder zweihundert zumeist bessergestellte Bürger, die gelegentlich zur Urne gingen. Die Masse der schwarzen Wähler hatte jedoch noch nie von ihrem durch die Verfassung verbürgten politischen Mitspracherecht Gebrauch gemacht, denn »Jim Crow« kam erst gar nicht dazu, sein Recht in Anspruch zu nehmen. Der Staat Georgia verlangte zur Feststellung der Wahlmündigkeit die Durchführung von Schreib- und Lesetests, und wer die nicht bestand, sah sich einem noch beängstigerenden mündlichen Prüfungsverfahren gegenübergestellt. Er mußte von dreißig Standardfragen mindestens zwanzig fehlerfrei beantworten. Zum Beispiel: Wie heißt der Vorsitzende

im Magistratshauptausschuß? Welches ist die zuständige Aufsichtsbehörde des örtlichen Kreisgerichts? Wie lautet im Sinn der Rechtsprechung von Georgia die Definition einer strafbaren Handlung? Unter unparteiischen Bedingungen wären mit Sicherheit auch weiße Bürger über die Tests gestolpert. Daß es nicht dazu kam, dafür sorgte ein wiederum ausschließlich von Weißen besetzter Wahlausschuß. Die Studenten des SNCC wollten dieses System der Diskriminierung aufbrechen. Wenn es gelang, die Schwarzen mehrheitlich auf die Liste der Wahlberechtigten zu bringen, mußte das einen dramatischen Wechsel in den örtlichen Machtverhältnissen zur Folge haben. Gerade das aber war der Angsttraum der weißen Stimmbesitzer.

Im Dezember schickte das »Koordinationskomitee« mehrere Freiheitsfahrer nach Albany, um die Bahn- und Busstationen zu integrieren. Sie kamen und wurden verhaftet. Hunderte von Schwarzen protestierten vor dem Gerichtsgebäude gegen die ungesetzlichen Festnahmen. Die Stadt antwortete mit neuen Verhaftungen. Ungefähr fünfhundert Protestler wurden festgenommen und wegen Störung der öffentlichen Ordnung vor Gericht gestellt. Der Ortsvorsitzende der NAACP informierte King über die Situation und bat ihn, in Albany die Aktion selbst in die Hand zu nehmen.

Mit Martins Anwesenheit bekamen die Vorgänge einen dramatischen Akzent. Massenkundgebungen, Proteste, Verhaftungen lösten einander ab. Zeitweise saßen bis zu siebenhundert Personen ein, allein King wurde viermal in Haft genommen. Die Presse wurde aufmerksam, Tageszeitungen und Fernsehen berichteten aus dem Süden. Aus vielen Teilen der USA strömten Männer und Frauen, Schwarze und Weiße, darunter viele Pastoren, Priester, Nonnen und Rabbis in die Stadt, um die Aktionen der Bürgerrechtler zu unterstützen. Die Bewegung hatte wieder Tritt gefaßt.

Wie sich hinterher herausstellte, fehlte ihr aber immer noch ein schlüssiges Strategiekonzept. King ging zu viele Ziele auf einmal an, und das machte es der Gegenseite leichter, ihn auszumanövrieren. Er rief zu Sit-ins in den Parks und Bibliotheken und im Schwimmbad auf, doch der Magistrat reagierte umgehend mit Gegenmaßnahmen. Das Schwimmbad verkaufte er kurzerhand an einen Privatunternehmer, aus den Büchereien verschwanden die

Sitzgelegenheiten, und die Parks wurden geschlossen. Auch ein Boykott der weißen Geschäfte erwies sich als Fehlschlag, weil die Kaufkraft der verarmten Schwarzen ohnehin so gering war, daß die Ladenbesitzer den schwarzen Käuferstreik mühelos überstanden. Martin erinnerte sich an Montgomery und organisierte einen Busstreik, der zur Folge hatte, daß das Unternehmen Bankrott anmeldete und seinen Dienst einstellte.
Hinzu kam, daß Polizeichef Laurie Pritchett es verstand, durch korrekte Behandlung der Demonstranten die Konfrontationsstrategie zu unterlaufen. Pritchett setzte keine Wasserwerfer ein, ließ keine Hundestaffel aufmarschieren, und seine Beamten schwangen keine Knüppel. Coretta erzählt: »Er erlaubte den Protestierenden bis zu einer gewissen Grenze zu demonstrieren. Dann sagte er: ›Wir werden diese Veranstaltung jetzt beenden. Wenn ihr euch nicht zerstreut, werdet ihr verhaftet.‹ Unsere Leute wurden fair gewarnt. Oft zerstreuten sie sich jedoch nicht, sondern fielen auf die Knie und beteten, dann senkte Mr. Pritchett den Kopf mit ihnen. Anschließend verhaftete er sie natürlich, und die Leute zogen singend ins Gefängnis.«
Die Aktionen in Albany zogen sich über ein ganzes Jahr hin. Das Ergebnis blieb vage. Der Magistrat versprach den Verhandlungsführern der »Christlichen Führungskonferenz«, einen gemischten Ausschuß zur Verbesserung der Rassenbeziehungen einzusetzen, schwarze Polizisten in Dienst zu stellen und die Bahn- und Busstationen zu desegregieren. Das letztere hätte er allerdings ohnehin tun müssen, um einen kostspieligen Prozeß zu vermeiden, den die Stadt mit Sicherheit verloren hätte. Warum die SCLC sich mit diesen mageren Zugeständnissen begnügte, bleibt ein Rätsel. Wahrscheinlich waren Martin inzwischen seine Fehler klargeworden. Er hatte die Situation nicht genügend vorsondiert, seine Aktionen verzettelt, sich beim Busstreik selbst kopiert und war einfach zu lange auf der Stelle getreten. Aus der verfahrenen Lage war nichts mehr herauszuholen. Dennoch hatte die »Christliche Führungskonferenz« dazugelernt. »In diesem Frühstadium der gewaltfreien Revolution ist Albany ein Meilenstein«, befand ein Mitarbeiter Kings gegenüber der Presse. »Unsere Bewegung ist eben noch nicht ganz aus den Kinderschuhen.«

Vielleicht sah Martin die Dinge ähnlich. Doch die Studenten sprachen verständlicherweise von einem Ausverkauf schwarzer Interessen. King habe zu früh nachgegeben, ein Jahr Arbeit sei praktisch umsonst gewesen. Martin ging auf diese Vorwürfe ein. »Wir haben nicht genug Stärke gezeigt«, meinte er selbstkritisch. Und an die Studenten gewandt fuhr er fort: »Wir brauchen kreative Kritiker, die uns Anstöße geben, wie es weitergehen soll.« Daß es jetzt weitergehen mußte, stand für ihn fest. Sein Stab war bereits tief in den Vorbereitungen für eine neue, diesmal gründlicher geplante Aktion.

Sicher wäre in Albany auch manches besser gelaufen, wenn King öfter und länger in der Stadt gewesen wäre, aber gleichzeitig mußte er ständig auswärtigen Verpflichtungen nachkommen. Er schaffte der SCLC das Geld herbei, ohne das die Organisation handlungsunfähig gewesen wäre. Allein für 1962 belief sich die Finanzplanung der SCLC auf 200000 Dollar. Privatleute aus dem In- und Ausland spendeten, öffentliche Körperschaften, karitative Vereinigungen, Kirchen, Gewerkschaften, Jazzmusiker und schwarze Künstler des Showbusiness leisteten ihren Beitrag. Sie alle brauchten aber die Ansprache und Motivation, die nur King geben konnte. Martin blieb »the man on the go« und war gerade dann, wenn seine Leute ihn dringend brauchten, oft nicht zu erreichen. Mit diesem Dauerkonflikt mußte die SCLC auch nach Albany leben.

In der letzten Phase von Albany brachte sich der Ku-Klux-Klan in Erinnerung. Vier Kirchen der Farbigen im Umkreis der Stadt wurden das Ziel von Brandstiftern. In einer hatte gerade zuvor eine Wählerschulung stattgefunden.

»Tränen quollen mir aus dem Herzen und aus den Augen, als ich die Trümmer sah«, schrieb Martin in einem Zeitungskommentar. »Als ich dastand und die intensive Hitze spürte, die von den glühenden Überresten ausging, fielen mir all die Proteste der Rassenpolitiker ein. Ich dachte an die konservativen Weißen, die Liberalen und die vielen, vielen Neger, die die Bedeutung der gewaltlosen direkten Aktion noch nicht begriffen hatten. Die nackte Wahrheit ist, daß der Neger bei den weißen Rassisten des Südens auf unbeugsame Feindschaft stößt, ob er sich nun um die Gleichberechtigung in den Restaurants oder Autobussen bemüht

oder ob er die ihm in der Verfassung garantierten Rechte fordert.«
In einem Interview mit der *New York Times* beklagt er das mangelnde Interesse des FBI, die schwarzamerikanische Bevölkerung vor terroristischen Übergriffen zu schützen, und führt aus: »Eins der großen Probleme, die wir im Süden mit dem FBI haben, ist, daß seine Agenten weiße, von ihrer Umgebung geprägte Südstaatler sind. Jedesmal wenn ich einen FBI-Mann in Albany sah, war er auf seiten der Polizei.« Diese Äußerung erschien am nächsten Tag unter der Schlagzeile: »Dr. King erklärt, FBI begünstigt Rassisten.«
Damit zog Martin sich endgültig den Haß von Edgar Hoover, dem Direktor des FBI-Büros zu, vor dem selbst Senatoren und die Präsidenten der USA zitterten. Hoover befahl, Martin Luther King auf die sogenannte »Feindliste« zu setzen, unter der das Büro Personen führte, »deren Einfluß auf andere das nationale Interesse schädigt oder die im Sinn ihrer umstürzlerischen Verbindungen und Ansichten anderen subversiven Elementen finanzielle oder sonstige materielle Unterstützung zuwenden.«
Das Bundeskriminalamt verstärkte die Ermittlungstätigkeiten gegen den Negerpastor und suchte nach geeigneten Mitteln, sein Ansehen in der Öffentlichkeit herabzusetzen.

1963
Birmingham und seine Kinder

»Wir werden diese Nation zwingen, diese Stadt, diese Welt, auf ihr Gewissen zu hören.«

1963, im Birmingham-Jahr, stieg die Bewegung aus den Kinderschuhen. »Bombingham« nannten die 135000 Schwarzen ihre Stadt, in der sie fast vierzig Prozent der Bevölkerung stellten.
»Schön, Sie in Birmingham zu haben«, grüßten Poster an den Einfallstraßen der Stadt. Die Schwarzen jedoch waren damit nicht gemeint. Seit 1957 waren siebzehn unaufgeklärte Sprengstoffanschläge auf Negerkirchen der Stadt verübt worden, fünfzigmal war der Ku-Klux-Klan in das Farbigenviertel einmarschiert. Birmingham, das Industriezentrum Alabamas, anderthalb Autostunden nördlich von Montgomery, war ein gefährliches Pflaster, und der Stadtkommissar Theophilus Eugene Connor paßte ins Bild. »Bull – der Bulle«, nannten ihn die Schwarzen, aber auch seine Freunde. Connor, ein Mann mit gutsitzenden Anzügen, fröhlichen Krawatten und Hornbrille, war stolz auf seinen Beinamen. Er zeichnete für die Sicherheit der Stadt, und darunter fiel auch ihre rassistische Ordnung.
»Eher wird Blut durch die Straßen fließen, als daß Birmingham die Rassentrennung aufhebt«, war einer der markigen Sprüche des Stadtsicherheitskommissars. Im Frühjahr 1963 floß Blut.
Fred Shuttlesworth, ein Kollege Martins und sein Freund seit Montgomery, hatte ihn nach Birmingham gerufen. Die »Christliche Führungskonferenz« wußte, daß sie sich auf ein kritisches Unternehmen einließ. Bei einer Vorbereitungssitzung des Stabs erklärte Martin seinen Mitarbeitern: »Ich lege Wert darauf, daß jeder von euch sich sorgfältig seine Entscheidung überlegt, ob er bei der Kampagne mitmachen will. Nach meiner Einschätzung werden einige von denen, die hier sitzen, nicht lebendig zurückkommen. Denkt also darüber nach.«
Die SCLC hatte aus ihren Fehlern gelernt. Einige hundert Freiwillige wurden rekrutiert, um die schwarze Bevölkerung Birminghams

auf den »Feldzug des zivilen Ungehorsams« vorzubereiten. Die Planung sah vor, in der Anfangsphase den Schwerpunkt des Protests auf einen Käuferstreik der Schwarzen zu konzentrieren. Die Geschäftswelt, das Herz der politischen Macht, sollte zuerst getroffen werden.

Mitte Januar bereiste Martin sechzehn Städte außerhalb des Südens, um die finanziellen Mittel für die Aktion zusammenzubringen. Er hielt 28 Ansprachen, nicht zu rechnen Stegreifkonferenzen mit Kirchenmännern und Negerführern vor Ort, dazu kamen noch zahllose Arbeitsessen. Die Teilnehmer einer Massenkundgebung in Los Angeles spendeten 75000 Dollar, und wieder brachte Harry Belafonte mit seinen Konzerten einen Großteil der benötigten Gelder auf, die man für die Birmingham-Aktion hochgerechnet hatte. Es war ein Budget von beinahe einer halben Million Dollar.

Als Starttag der Kampagne hatte die SCLC Mittwoch, den 3. April gewählt. Abends zuvor rief Martin zu einem Gebetstreff auf: »Wir marschieren für ein freies Land, und niemand wird uns davon abbringen können«, rief er der Versammlung zu. »Wir machen Birmingham zum nationalen Widerstandszentrum gegen die Politik der Rassendiskriminierung. Ich bin hierher gekommen, um zu bleiben, bis wir erreicht haben, was wir verlangen.«

Die Leute sangen »We shall overcome«, Freiheits-Songs wie »Ich laß mir nichts gefallen, keiner dreht mich um« und »Heut früh bin ich aufgestanden zu einem Freiheitstag.« Und dann fiel Martin ins »Whooping«, wie Coretta es nannte, wenn er auf die Erregung seiner Zuhörer reagierte, ihre Ergriffenheit seine noch steigerte, Soul-Power ihn überkam:

»Meine Schuhe sind geschnürt!
Yes, Lord, meine auch
Heut früh bin ich aufgestanden zu einem Freiheitstag!
Sag's uns, Doktor, sag's
Ich laß mir nichts gefallen, keiner dreht mich um!
Bruder, wir marschieren, wir sind dabei
Und wenn die Freiheitsstraße durchs Gefängnis führt, dann, Schließer, los, mach auf!
Amen, preist den Herrn
Ein paar von euch haben Angst!

Das stimmt
Ein paar ringen noch mit sich!
Sag's uns, sag, wie's ist
Aber wenn ihr nicht gehen wollt, hindert mich nicht! Wir marschieren ohne Gewalt. Wir werden diese Nation zwingen, diese Stadt, diese Welt, auf ihr Gewissen zu hören. Wir haben ein Ziel, wir wollen, daß der Gott der Liebe in dem weißen Mann über den Satan der Rassentrennung triumphiert, der in ihm sitzt. Das ist keine Auseinandersetzung zwischen Schwarz und Weiß!
Nein, nein
Sondern zwischen Gut und Böse!
Genauso ist es
Und wenn Gut und Böse aufeinanderprallen, wird das Gute siegen!«

Dreißig ausgesuchte Freiwillige plazierten sich am Mittwoch an den Imbißtresen der fünf führenden Warenhäuser Birminghams. Sie baten um Bedienung, wurden abgewiesen und zum Verlassen des Lokals aufgefordert. Als sie sich weigerten, ihre Plätze zu räumen, führte die herbeizitierte Polizei einundzwanzig von ihnen ins Gefängnis ab. Abends forderte King die farbige Bevölkerung auf, aus Solidarität mit den Inhaftierten die weißen Warenhäuser zu boykottieren, und sagte: »Jeder Neger, der mit einer Einkaufstasche in der Innenstadt gesehen wird, ist noch nicht reif für die Freiheit.« Auf der gleichen Versammlung kündigte er an, er werde am Karfreitag der nächsten Woche mit Ralph und dem blinden Bluessänger Al Hibbler ins Gefängnis gehen.
Die ersten drei Protesttage verliefen fast friedlich. Bull Connor gab sich zivil. Insgesamt erfolgten nur fünfunddreißig Verhaftungen. Der folgende Samstag markierte die zweite Phase der Aktion. Fünfundvierzig Freiwillige marschierten mit Pastor Shuttlesworth zum Rathaus, um gegen die Inhaftierung von Bürgerrechtlern Protest einzulegen. Es war der erste von vielen ständig anwachsenden Demonstrationszügen, die Birmingham in den kommenden vierunddreißig Tagen erleben sollte. Zweiundvierzig Schwarze wurden festgenommen.
Am Sonntag führte Martins Bruder Alfred-Daniel, der vor Mona-

ten dem Ruf auf eine Pfarrstelle in Birmingham gefolgt war, einen Gebetsmarsch in die Innenstadt. Er wurde mit fünfundzwanzig anderen Demonstranten ins Gefängnis verfrachtet. Bull Connor hielt immer noch an sich. Aber jetzt brachte er seine Hundestaffel in Einsatz.

In Washington verfolgte das Justizministerium die Entwicklung mit Besorgnis. FBI-Beamte hielten Robert Kennedy auf dem laufenden, und er sah voraus, wie Bull Connor reagieren würde, wenn die Unruhen anhalten sollten. Er ließ Martin Luther King eine persönliche Botschaft zukommen und riet Martin, eine langsamere Gangart einzulegen, denn, so Kennedy, »die Bürgerrechte werden nicht auf der Straße gewonnen.«

Martin kannte das Argument, er hatte es oft genug gehört, und es verfing nicht mehr bei ihm: »Die Politik der kleinen Schritte kann nicht nur als nutzlos, sondern muß jetzt als echte Gefahr betrachtet werden. Sie ist ein Beruhigungsmittel, das einem den Leidensdruck nimmt, aber die Krankheit und ihre zerstörerischen Folgen fortwirken läßt. Eine Politik der kleinen Schritte führt zur Abwieglung und zur Aufweichung der militanten Haltung, die uns allein einer Änderung der Verhältnisse näher bringt.«

King war auch entschlossen, eine ihm vom Ortsgericht zugestellte einstweilige Verfügung gegen die Durchführung weiterer Protestaktionen zu ignorieren. »Die Neger haben keine Angst mehr«, erklärte er auf einer Kundgebung in der Zion Hill Kirche.

Ralph rief in die Menge: »Wir werden diese Stadt ins Wackeln bringen, wie sie noch nie gewackelt hat!« Und als er fragte, wer bereit sei, übermorgen Martin, Al Hibbler und ihm ins Gefängnis zu folgen, erhob sich ein Wald von Händen. Fünfzig Leute wurden ausgewählt. Martin kündigte an, er werde morgen, am Gründonnerstag, als Vorbereitung auf den Karfreitagsmarsch fasten.

In der Morgendämmerung stand er auf und stieg in seine Gefängniskluft, Blue jeans, Baumwollhemd und Sandalen. In den letzten zurückliegenden Tagen waren zwischen vier- und fünfhundert Schwarze verhaftet worden. Die SCLC hatte zugesagt, jeweils nach fünf Tagen die Gefangenen gegen Kaution auszulösen. Die Polizei verlangte jetzt das Geld sofort und in bar: Es bedeutete einen warmen Regen für die Stadtkasse von Birmingham. Wie lange würde die SCLC das durchstehen können, ohne finanziell auszubluten, fragte sich Martin besorgt. Eigentlich mußte er jetzt Geld zusammentrommeln, statt ins Gefängnis zu gehen. Aber er hatte seine Entscheidung getroffen.

Unten im Gaston-Hotel, das den Stab der Bewegung beherbergte und von einem schwarzen Besitzer geführt wurde, empfing ihn Daddy King, der in der Frühe bereits von Atlanta herübergekommen war. Sie umarmten sich und fuhren dann zur Zionskirche, wo sich der Marschzug formieren sollte.

Martin hielt seine Karfreitagspredigt und verabschiedete sich von der Gemeinde. Jemand flüsterte: »Da geht er, genau wie Jesus.« Die Reihen der Freiwilligen formierten sich auf der Straße und zogen in die Richtung des Rathauses, dem steinernen Symbol von Ungerechtigkeit und Unterdrückung für die schwarzen Bürger des Südens. Zuschauer säumten den Weg und riefen im Sprechchor: »Freiheit! Freiheit!« Bull Connor ließ den Zug sieben, acht Straßenkreuzungen passieren, dann befahl er seinen Beamten einzugreifen. Die Demonstranten wurden festgenommen und ins Stadtgefängnis abgeführt. Martin bekam zur Haftverschärfung eine Einzelzelle zugewiesen. Es war sein dreizehnter Gefängnisaufenthalt.

Die Arrestierung der Karfreitagsmarschierer bedeutete den Wendepunkt der Birminghamkrise. Der Stadtsicherheitskommissar verlor die Geduld. Den Inhaftierten wurden alle Außenkontakte untersagt, sogar das Gespräch mit dem Anwalt. Eine Flut von Telegrammen erreichte das Weiße Haus, ausländische Zeitungen kritisierten offen die rassistische Innenpolitik der USA. Harry Belafonte trat wieder in Aktion und brachte nochmals 50 000 Dollar Kautionsgelder zusammen. Coretta griff Ostersonntag zum Telefon und versuchte John F. Kennedy auf seinem Landsitz in Florida zu erreichen. Sie hatte seit Karfreitag keine Nachricht von Martin.

Am nächsten Tag rief der Präsident zurück; sein zweiter Anruf seit dem historischen Telefongespräch mit der Frau des Negerpastors, der ihm geholfen hatte, die Wahl zu gewinnen. Kennedy versicherte Coretta, daß ihr Mann wohlauf sei, und teilte mit, er habe angeordnet, daß Martin mit ihr sprechen dürfe. Eine Viertelstunde später rief King zu Hause an. Die Kennedys hatten ihre Schulden bezahlt.

Im Gefängnis verfaßte Martin Luther King seinen berühmten Birmingham-Brief. Er ging an die Adresse von jüdischen, katholischen und protestantischen Geistlichen, die an King appelliert hatten, seine Konfrontationsaktionen einzustellen. Zwar zeigten Meinungsumfragen in den Kirchengemeinden, daß eine Zweidrittelmehrheit der Geistlichen mit King sympathisierte oder sogar die Bürgerrechtsbewegung aktiv unterstützte, doch die Zahlen aus den Südstaaten lasen sich anders. Hier äußerte mehr als die Hälfte der Befragten: »Die Neger täten besser daran, ihre legalen Möglichkeiten zu nutzen, als soviel Zeit auf Demonstrationen zu verwenden.« Martin begann sein Antwortschreiben mit Notizen auf Zeitungsrändern und anderen Papierresten. Dann konnte ihn der SCLC-Anwalt mit einem Block Schreibpapier versorgen.
Der »Birmingham-Letter«, wie Kings spätere Rede vor dem Lincoln Memorial, zählt heute zu den klassischen Dokumenten der jüngsten amerikanischen Geschichte. In dem 6400 Worte umfassenden Text hält Martin seinen Amtskollegen vor: »Warte doch ab – das können jene leicht sagen, die nie die sengenden Pfeile der Segregation gespürt haben... Wenn man über Land fährt und Nacht um Nacht in den unbequemen Ecken seines Automobils schlafen muß, weil kein Motel einen aufnimmt; wenn man Tag um Tag gedemütigt wird durch stichelnde Schilder ›Weiße‹ und ›Farbige‹; wenn man mit Vornamen nur noch ›Nigger‹ heißt, mit Mittelnamen ›Junge‹ (gleichgültig wie alt man ist) und mit Nachnamen ›John‹; wenn der Ehefrau, der Mutter niemals der Respekttitel ›Mrs.‹ zuerkannt wird; wenn einen die Tatsache, daß man Neger ist, bei Tag plagt und bei Nacht verfolgt, so daß man dauernd auf den Zehenspitzen steht... – dann muß doch zu begreifen sein, warum uns das Warten schwerfällt... Ich hoffe, meine Herren, Sie können unsere legitime und unvermeidliche Ungeduld verstehen... Jetzt nennt man dies extremistisch. Ich gestehe, daß mich diese Einstufung anfänglich enttäuscht hat. Aber als ich länger darüber nachdachte, bereitet es mir allmählich ein bißchen Genugtuung, als Extremist betrachtet zu werden. War nicht Jesus ein Extremist der Liebe – ›Liebet eure Feinde.‹ War nicht Martin Luther ein Extremist – ›Hier stehe ich, ich kann nicht anders...‹ War nicht Thomas Jefferson ein Extremist – ›Wir halten diese Wahrheiten für selbst-

verständlich: daß alle Menschen gleich geschaffen sind.‹ Die Frage ist dann nicht, ob wir Extremisten sind, sondern welche Art Extremisten wir sind. Werden wir Extremisten sein zugunsten fortdauernder Ungerechtigkeit – oder Extremisten im Dienst der Gerechtigkeit?«*

Martin Luther King schrieb, wie er seiner Frau später erzählte, den größten Teil seines Gefängnisbriefes im Stehen, an die Mauer unterhalb des winzigen Lichteinfalls seiner Zelle gelehnt. Mit einer Antwort wird er nicht gerechnet haben, und es kam auch keine.

Samstag, den 20. April hinterlegten Martin, Ralph, Al Hibbler und die anderen Arrestanten Kaution und wurden freigegeben. Die Verhandlung gegen sie wurde auf den darauffolgenden Freitag angesetzt. Zurück im Gaston-Hotel fand man sich zu einer Stabsbesprechung zusammen. Der Boykott weißer Geschäfte wurde von den Schwarzen fast geschlossen befolgt. Wie es hieß, drängten die Mitglieder der Handelskammer von Birmingham den Magistrat, Gespräche mit der »Christlichen Führungskonferenz« aufzunehmen. Aber war die Ausgangsposition der Bewegung bereits stark genug, um der Stadt massive Zugeständnisse abzunötigen? Martin dachte an seine frustierenden Erfahrungen in Albany. Damals hatte er sich mit vagen Versprechungen abspeisen lassen, diesmal sollte ihm das nicht wieder passieren. Die SCLC beschloß, ihre letzte Karte auszuspielen und die Kinder und Jugendlichen von Birmingham in die Aktion miteinzubeziehen.

Mitarbeiter des Stabs gingen auf die Schulhöfe, an die Hecken und Zäune im Farbigenviertel, setzten sich zu den Sonntagsschulkindern in die Kirchen und erzählten: Vor hundert Jahren, am 1. Januar 1863, hatte die feierliche Proklamation Lincolns das Ende der Sklaverei verkündet, und die Truppen der Nordstaaten, die Yankees, marschierten in den Süden, um die Großgrundbesitzer zu zwingen, ihre Zwangsarbeiter freizulassen. – Heute müssen wir selbst für unsere Rechte kämpfen, erklärten die SCLC-Leute den Kindern. Sie lasen ihnen Geschichten aus der Sklavenzeit vor, die man später gesammelt und aufgezeichnet hatte. Eliza Evans aus Alabama zum Beispiel erinnerte sich als Neunzigjährige noch gut an einen Vorfall aus der Bürgerkriegszeit, als sie noch ein junges

* Brief aus Birmingham, übersetzt von Theo Sommer in: Die Zeit Nr. 44 vom 28.10.1983, Seite 10.

Mädchen war: »Einmal kamen die Yankeesoldaten und sprachen mit mir. Sie fragten mich, wie ich denn heiße. Ich sagte: ›Liza.‹ Und sie sagten: ›Liza, und wie weiter?‹ Ich dachte nach. Dann schüttelte ich den Kopf: ›Einfach Liza. Mehr Namen hab ich nicht.‹ Der Soldat sagt: ›Wer lebt da drüben? In dem großen Haus?‹ Ich sage: ›Mr. John Mixon.‹ Er sagt: ›Du bist Liza Mixon.‹ Und er sagt weiter: ›Ruft dich irgendwer Nigger?‹ Und ich sage: ›Yes, Sir.‹ Er sagt: ›Nächstesmal, wenn irgendwer dich Nigger nennt, sagst du, du bist eine Negerin und dein Name ist Miss Liza Mixon.‹ Je mehr ich darüber nachdachte, desto besser gefiel mir das. Mein Job war, die Kälber halten, wenn die Kühe gemolken wurden. An einem Abend, wie ich die Kälber halte, kommt Old Master vorbei. Er sagt: ›Was stehst du da rum, Nigger?‹ Ich sage patzig: ›Ich bin kein Nigger. Ich bin eine Negerin und heiße Miss Liza Mixon.‹ Old Master war vom Schlag gerührt, griff sich einen Stock und ging auf mich los. Gott, hatte ich Angst! Ich hatte noch nie Schläge abgekriegt und rannte was ich konnte zu Grandma Gracie. Ich steckte mich hinter sie, und sie sagt: ›Was ist denn, Kind?‹ Ich sage: ›Master John will mich prügeln.‹ Und sie sagt: ›Was war denn?‹ Und ich sag: ›Nichts.‹ Sie sagt: ›Wird schon was gewesen sein.‹ In dem Augenblick kommt Master John. Er sagt: ›Gracie, das kleine Niggerding ist frech geworden.‹ Sie sagt: ›Lieber Heiland, was fällt dir ein.‹ Ich sagte ihr, was mir der Yankeesoldat gesagt hat. Grandma Gracie zieht mir den Rock übern Kopf und hält mir drin die Hände fest, und lieber Heiland, hat sie mich verhauen!«
In Birmingham sind schwarze Kinder für die Weißen noch immer Nigger. Aber sie können auf die Straße gehen und den Leuten sagen, daß sie einen richtigen Namen haben. Vielleicht kommt dann Bull Connor mit dem Stock wie damals Master John. Aber zusammen sind die Kinder stark. Viel stärker als die Polizei, denn sie marschieren für die gute Sache.
Die Kinder sind Feuer und Flamme, singen ihre Spirituals, »Let my people go«, wiegen sich in den Hüften und klatschen. Kings Mitarbeiter spielen mit ihnen durch, was sie erwartet: Wasserwerfer, Polizeiautos, Gefängnis. Nehmt eure Zahnbürste mit, sagen sie den Kindern; mehr braucht ihr nicht. Wir werden gewaltlos demonstrieren wie Papa King!

D-day, der Entscheidungstag, war für den 2. Mai angesetzt. Kurz davor fand die Gerichtsverhandlung gegen die Karfreitagsmarschierer statt. Sie erhielten Geldstrafen in Höhe von 50 Dollar. Die *New York Times* kommentierte: »Diese milden Urteile waren für King und die anderen eine offensichtliche Überraschung.« Wie in Albany wollte das Gericht vermutlich die Konfrontationsstrategie der Bewegung unterlaufen, um keinen Anlaß für ein weiteres Aufheizen der Situation zu bieten.

In der Sixteenth Street Baptist Church versammeln sich am Donnerstag tausend Kinder. Martin Luther King spricht zu ihnen. Sie werden durch den Ingram Park zum Rathaus in der Innenstadt marschieren. Bull Connor hat die Straßen ums schwarze Viertel gesperrt. Diesmal meint er es ernst. Wasserwerfer sind postiert, schlagstockbewehrte Polizisten in Helm und Visier halten Hundestaffeln an den Leinen.

Mittags schickt der Pastor die Kinder los. Sie verlassen in Gruppen von fünfzig das Gebäude, umlaufen die Absperrungen und verschwinden zwischen den Parkanlagen und in Seitenstraßen. Für die überrumpelte Polizei kommt der Einsatzbefehl zu spät. In der Innenstadt haben sich die Kinder bereits wieder gesammelt, formieren einen Marschzug, rufen in Sprechchören »Freiheit! Freiheit!« und ziehen singend zum Rathaus. Die Beamten hetzen hinterher und stoppen den Marsch. Die Presse fotografiert mit. Die Bilder zeigen bewaffnete Männer, die sich zu kleinen Mädchen bücken und Personalien aufnehmen, Polizeibeamte, die Kinder in vergitterte Gefängniswagen zwängen, während andere schlagstockschwingend Jagd auf halbwüchsige Jugendliche machen. Abends gibt die SCLC die Festnahme von 959 Kindern und Jugendlichen bekannt. Martin ruft für den nächsten Tag zu einer weiteren Demonstration auf.

Es ist Freitag, der 3. Mai. Der Stadtsicherheitskommissar hat für den Abtransport der Kinder Schulbusse bereitstellen lassen. Martin spricht vor der größten Kindermenge, die er jemals vor sich gesehen hat. »Gestern war D-day«, ruft er ihnen zu. »Heute wird doppelter D-day sein. Es kann Tausende von Verhaftungen geben.«

Fünfhundert Kinder sind bereits aus dem Gebäude, ehe die Polizei dazu kommt, die Kirchentür zu sperren. Den Kindern gelingt es,

durch Nebenausgänge zu entwischen. Sie spielen Räuber und Gendarm mit den Uniformierten. Die es geschafft haben, das Kirchengebäude zu verlassen, rennen auf die Absperrungen zu.
»Wasser – marsch!« kommandiert Bull Connor seinen Leuten an den Hochdruckwasserwerfern. Die Fontänen schleudern die Kinder von den Gehsteigen, werfen sie gegen Hauswände und fegen einige meterweit flach über die Fahrbahn. Sie schreien, hocken in Haufen auf der Straße und halten die Arme übereinander, um sich vor den Wasserkanonen zu schützen. Bull Connor läßt seine Hunde los. Die Tiere jagen zwischen die Demonstranten und beißen um sich.
Ein Bericht der SCLC hält fest: »Die Hunde wurden auf gemeinste Art eingesetzt. Man hetzte sie auf die Menge, und sie bissen Frauen und Kinder. Sie wurden nicht zur Einschüchterung, sondern zu einem Angriff auf die Demonstranten benutzt. Es machte den Eindruck, als habe es die Polizei darauf angelegt, einen Straßenkampf zu entfesseln.«
Die Kinder knieten nieder und beteten, bis sie von Bull Connors Leuten »wie am Fließband«, so eine Zeitung, in die Busse verfrachtet wurden.
Die Bilder ruhen heute in den Archiven; damals erregten sie die Welt. Der regierungsamtliche Beobachter des Gouverneurs verlor die Nerven am Steuer seines Wagens und fuhr in die Menge. Auf den umliegenden Dächern tauchten schwarze Jugendliche auf und bombardierten die Polizei mit Steinen. Mehrere Beamte und ein Korrespondent wurden verletzt. Die gewaltlose Aktion drohte umzukippen. Angehörige der »Christlichen Führungskonferenz« retteten die Situation und mahnten zur Gewaltfreiheit.
Die örtlichen Zeitungen berichteten in den nächsten Tagen aus den Gefängnissen. Sie beteuerten, die Eltern brauchten sich keine Gedanken zu machen, ihre Kinder würden freundlich behandelt und gut versorgt. In dem offiziellen Bericht einer Bürgerrechtsorganisation las es sich anders: »Alle Mädchen wurden auf Geschlechtskrankheiten untersucht. Bei allen benutzte man dieselben Gummihandschuhe«, hieß es dort. »An einem Tag ließ man achthundert Kinder, fünfzehn Jahre alt und noch jünger, bei strömendem Regen vier Stunden auf dem Gefängnishof stehen. Mädchen, die Aspirin

verlangten, erhielten Abführmittel und wurden in Zellen ohne Toiletteneinrichtungen gesperrt. Ihnen wurde gesagt, sie sollten der Presse erzählen, daß sie korrekt behandelt würden. Die Mädchen lehnten ab und nannten den Reportern die Tatsachen. Zur Strafe mußten sie die Gefängnisgänge mit Zahnbürste und Stahlwolle reinigen.«
Der »Kinderkreuzzug« löste in der Öffentlichkeit heftige Kritik aus. Wie konnte die SCLC Kinder zu Demonstrationszwecken mißbrauchen, fragten die Medien. Nachrichtenkommentatoren warfen dem Baptistenpastor blanken Zynismus vor. »Wie tief kann Dr. Martin Luther King eigentlich noch sinken?« empörten sich Schlagzeilen, und ein Magistratssprecher erklärte: »Birmingham war eine gute, gesetzestreue Stadt, bis dieser schwarze Hundesohn aufkreuzte. Wohin er kommt, macht er Ärger. Eines Tages erscheint er noch mit seinem Mob in Washington, und dann werden die Kennedys selbst erleben, was passiert.«
In seinem Buch *Warum wir nicht warten können* antwortet King später seinen Kritikern. Während er an der Schreibmaschine sitzt, ist sein jüngstes Töchterchen Bunny noch nicht einmal ein Jahr alt. Wie würde ihre Kindheit aussehen, fragte sich Martin, wenn sie in Birmingham aufwachsen müßte? Kann sich ein Weißer davon eine Vorstellung machen?
Dann schreibt er: »Wenn Ihre Phantasie ausreicht, sich auszumalen, Sie wären als Negerkind in Birmingham geboren und dort aufgewachsen, würden Sie Ihr bisheriges Leben etwa so beschreiben müssen: Sie wären in einem ›Jim Crow‹-Krankenhaus zur Welt gekommen. Ihre Eltern lebten wahrscheinlich in einem Getto. Sie würden eine ›Jim Crow‹-Schule besuchen. Sie würden während Ihrer Kindheit auf der Straße spielen müssen, weil die Parks für ›Farbige‹ völlig ungenügend sind. Wenn Sie mit Ihrer Mutter oder dem Vater einkaufen gingen, müßten Sie in kleinen wie großen Kaufhäusern an allen Theken vorbeizotteln, weil Sie nur an einer bedient würden. Hätten Sie Hunger oder wollten Sie etwas zu trinken haben, müßten Sie's vergessen, bis Sie zurück im Negerviertel Ihrer Stadt sind. Denn in Ihrer Stadt ist es ungesetzlich, Negern am gleichen Stand wie den Weißen Essen zu servieren. Wenn Ihre Familie die Kirche besuchte, würde es eine Negerkirche sein. Wenn

Sie in ein Gotteshaus der Weißen wollten, wären Sie dort unerwünscht. Denn Ihre weißen Mitbürger bestehen zwar darauf, daß sie Christen sind, aber sie praktizieren die Rassentrennung in der Kirche genau wie im Theater. Wenn Sie später einen Job in der Stadt suchten, sollten Sie sich am besten gleich mit einer Beschäftigung als Handlanger oder Hilfsarbeiter zufriedengeben. An Ihrer Arbeitsstelle würden Sie an einem Extraplatz essen. Sie müßten eine Trinkstelle oder ein WC benützen, über denen ›FARBIGE‹ steht. Und wenn Sie Ihren Geschichtsbüchern glaubten und darauf vertrauten, Amerika sei ein Land, in dem die Regierung von den Regierten gewählt wird, würden Sie bald eines anderen belehrt werden, wenn Sie Ihr Recht in Anspruch nehmen möchten, als Wähler eingetragen zu werden und wählen zu wollen. Auf dem Gang zur Wahlurne, dem wichtigsten Weg, den der amerikanische Neger heute zu gehen hat, würden Sie es mit jedem nur denkbaren Hindernis zu tun bekommen. Und das Schlimmste an der ganzen Tragödie ist nicht die Brutalität von bösen Menschen, sondern das Schweigen der guten.«

In Birmingham nehmen die Polizeieinsätze nach den Kinderdemonstrationen an Härte zu. Die englische Tageszeitung *Guardian* berichtet: »Nach Auffassung der weißen und schwarzen Verantwortlichen treiben Dr. King und Kommissar Connor ihren Fanatismus einem Punkt entgegen, wo es nur noch eines Pistolenschusses bedarf, um die blutigsten Unruhen auszulösen.«
Die weiße Innenstadt ist in ein Meer von schwarzen Gesichtern getaucht. Schwarze hocken in den Gängen der Warenhäuser, Schwarze säumen die Gehsteige, Schwarze marschieren auf den Straßen. Sie sind gereizt und aufgebracht und lassen sich weder von Bull Connors Hunden noch von Polizeiknüppeln und Wasserkanonen daran hindern, jeden Tag neu aufs Rathaus zu marschieren. Die Mitarbeiter der SCLC sammeln Pistolen, Messer und Schlagringe ein. Am 6. und 7. Mai sind zweitausend Personen verhaftet. Die Gefängnisse sind überbelegt. Mehrere tausend Freiwillige warten noch auf ihren Marschbefehl.
Justizminister Robert Kennedy schickt einen Sonderbeauftragten nach Birmingham. Er soll die weißen Geschäftsleute gewinnen, mit

Martin Luther King ein Abkommen auszuhandeln. Gespräche zwischen dem Magistrat und der SCLC schienen nach Lage der Dinge nicht mehr denkbar. Martin Luther King nennt vier Forderungen: 1. Desegration der Imbißtheken, Toiletten, Umkleidekabinen und Trinkwasserstellen in den Warenhäusern; 2. Einstellungen und Aufstiegschancen für Schwarze in der städtischen Verwaltung und in den Gewerbebetrieben; 3. Aussetzung aller Strafverfahren gegen die Demonstranten; 4. Einrichtung eines rassisch gemischten Komitees, das einen Zeitplan für weitere Desegregationsmaßnahmen erstellt.

In den Augen der Stadt ist keine einzige der Bedingungen überhaupt verhandlungsfähig. Auf den Straßen gehen die Proteste weiter. Es kommt zu zahlreichen Verletzungen. Zwei Wasserkanonen springen aus ihren Halterungen, zerschlagen einem Polizisten die Rippen und brechen dem nächsten die Beine. Ziegelbrocken, Flaschen, Steine fliegen durch die Luft. Martin greift zum Megaphon, mahnt zur Gewaltlosigkeit. Eine Wasserkanone schleudert Pastor Shuttlesworth gegen eine Mauer. Er wird verletzt, eine Ambulanz transportiert ihn ins Krankenhaus. Bull Connor bemerkt: »Die ganze Woche warte ich schon, daß Shuttlesworth eine Ladung fängt. Pech, daß ich das nicht mitgekriegt habe. Von mir aus hätte ihn der Leichenwagen holen können.«

Unter dem Eindruck der Dauerkrise finden sich die Vertreter der Handelskammer zu Verhandlungen bereit. Der Beamte des Justizministeriums vermittelt. Bull Connor fordert inzwischen von der Regierung reguläre Truppen an. Gouverneur Wallace überstellt 250 Bewaffnete, die am 7. Mai in der Stadt Stellung beziehen. Die geheimen Verhandlungen mit der »Christlichen Führungskonferenz« gehen weiter. Am 9. Mai schlägt die Stadt nochmals zu. Bull Connor läßt Martin Luther King und Ralph Abernathy ohne Vorwarnung festnehmen. Fred Shuttlesworth, aus dem Krankenhaus entlassen, aber immer noch bandagiert, stellt tausend Freiwillige in Bereitschaft, um die Innenstadt zu besetzen. Dort sind unterdessen zweitausend reguläre Soldaten in Stellung gegangen. Der Konflikt steuert auf eine blutige Auseinandersetzung zu. Robert Kennedy schaltet sich persönlich ein und telefoniert mit Shuttlesworth. Nach zähen Verhandlungen erklärt sich dieser

bereit, den Marsch aufs Gefängnis bis zum späten Nachmittag auszusetzen, wenn Martin und Ralph bis dahin aus der Haft entlassen sind. Washington drängt die Justiz der Stadt, die beiden Negerführer umgehend gegen Kaution freizusetzen. Die Stadt beugt sich schließlich dem Druck. Der Besitzer vom Gaston-Hotel hinterlegt 5000 Dollar, Ralph und Martin kommen frei.
Donnerstag, den 9. Mai erklären sich die weißen Unterhändler bereit, alle Forderungen der SCLC zu erfüllen. Eine Übergangsfrist von neunzig Tagen wird vereinbart, die Justizbehörde entläßt dreitausend Demonstranten aus der Haft. Am 10. Mai veröffentlichen die Medien das Verhandlungsergebnis. »Ein großer Sieg, der nicht auf Birmingham beschränkt bleiben kann«, stellt Martin Luther King fest. Und einer seiner Mitarbeiter fügt hinzu: »Unser nächstes Ziel ist die Desegregation vom ganzen Staat Alabama. Wir können jederzeit mit 15000 Leuten rechnen, die bereit sind, nötigenfalls dafür ins Gefängnis zu marschieren.«
Birminghams Stadtverwaltung weigert sich jedoch, die ausgehandelte Vereinbarung anzuerkennen. Bull Connor bemerkt gereizt: »Das ist der niederträchtigste Vertrag, den ich mir denken kann.« Auf Veranlassung der Stadt schließt die Schulbehörde 1100 Kinder und Jugendliche wegen unerlaubter Teilnahme an Demonstrationen vom Unterricht aus. Der Konflikt droht erneut hochzukochen. Doch Ende Mai enthebt das Oberste Verwaltungsgericht die Stadtverwaltung und Theophil Eugene Connor ihres Amtes.

Das wichtigste Ergebnis von Birmingham ist die politische Signalwirkung. Dutzende von Mini-Birminghams explodieren im Süden. Innerhalb von zehn Wochen registriert das Justizministerium insgesamt 758 Demonstrationen in 186 Städten. Unter dem Eindruck der Vorgänge beschließt die Kennedy-Administration, eine umfassende Bürgerrechtsgesetzgebung in Angriff zu nehmen. Sämtliche Segregationsbestimmungen und alle Einschränkungen des Wahlrechts der Farbigen sollen für ungesetzlich erklärt und unter Strafandrohung gestellt werden.
John F. Kennedy war sich durchaus klar, daß er mit einer entsprechenden Gesetzesinitiative auf Widerstand stoßen würde und wahrscheinlich sogar seine Wiederwahl 1966 aufs Spiel setzte. Lieber

hätte er die unpopuläre Vorlage erst während seiner zweiten Amtszeit eingebracht. Da ein US-Präsident sich nur einmal zur Wiederwahl stellen kann, wäre er dann, weniger abhängig von der Wählergunst, freier in seinen Entscheidungen gewesen. Der Birmingham-Tag am 3. April 1963 zwang Kennedy, sein bisheriges Taktieren in der Bürgerrechtsfrage aufzugeben. Martin Luther Kings Aktionen konfrontierten ihn mit einer Herausforderung, der er sich stellen mußte. Innenpolitisch hätte ein weiteres Zögern einen Bürgerkrieg heraufbeschwören können, und moralisch sah sich der Präsident von seinem eigenen Anspruch in die Pflicht genommen, die Vereinigten Staaten, nach Lincoln »die letzte große Hoffnung der Erde«, als Führungsmacht der freien Welt zu legitimieren.

Am 11. Juni wandte sich John F. Kennedy an die Nation, um die Öffentlichkeit für seine Gesetzesinitiative zu gewinnen. »Hundert Jahre Versäumnisse sind verstrichen, seit Präsident Lincoln die Sklaven befreite. Ihre Erben und Enkel sind immer noch nicht wirklich frei«, erklärte er vor den Kameras. »Sie sind noch nicht frei von den Fesseln der Ungerechtigkeit. Sie sind noch nicht frei von gesellschaftlicher und wirtschaftlicher Unterdrückung. Und diese Nation mit all ihren Hoffnungen und all ihrem Stolz wird nicht eher wirklich frei sein, bis alle ihre Bürger frei sind. Wir predigen Freiheit rund um die Welt und meinen es auch so, wir erfreuen uns unserer Freiheit hier zu Hause: – Wollen wir der Welt sagen, daß dies ein Land für freie Menschen ist mit Ausnahme der Neger? Die Zeit ist reif, daß diese Nation ihre Zusagen wahrmacht. Die Ereignisse in Birmingham und anderswo haben den Schrei nach Gleichberechtigung unüberhörbar gemacht.«

Kennedys Adresse an die Nation war die stärkste öffentliche Stellungnahme zugunsten der Schwarzamerikaner, die je ein Präsident abgegeben hatte. Sie kam einer zweiten Emanzipationserklärung gleich. Martin Luther Kings Rechnung war aufgegangen. Die Bürgerrechte wurden eben doch auf der Straße erkämpft.

Doch auch die weißen Radikalen meldeten sich. Auf Alfred-Daniels Haus in Birmingham wird ein Sprengstoffanschlag verübt, die Fassade des Gaston-Hotels reißen Bomben auseinander. Im Farbigenviertel brechen Unruhen aus. »Steckt die ganze beschis-

sene Stadt an!« brüllt ein aufgebrachter Schwarzer. »Mir ist alles scheißegal, wir müssen's denen zeigen, diesen weißen Hurenböcken!«
Martin eilt nach Birmingham, und es gelingt ihm, die Farbigen abzuwiegeln. Birmingham ist noch immer Bombingham, aber, so verheißt er seinen schwarzen Mitbürgern, »in fünf Jahren wird Birmingham, was die Rassenpolitik angeht, eine der vorbildlichsten Städte des ganzen Südens sein.«
Glaubte Martin, was er versprach? An einem Septembersonntag, vier Monate nach dem Triumph über die Stadtverwaltung, schmettert eine Bombe durchs Fenster der Sixteenth Street First Baptist Church und detoniert unter den Jugendlichen, die beim Sonntagsschulunterricht sitzen. Denise (11), Carole (14), Addie (14) und Cynthia (14), vier schwarze Mädchen, sind tot. Die Täter wurden nicht gestellt. Aber über das Tatmotiv konnte es kaum Zweifel geben. Es war dieselbe Kirche, von der aus Martin Luther King seine Kinderdemonstrationen gesteuert hatte. Die Eltern eines der Opfer gaben ihm die Mitschuld am Tod ihrer Tochter und blieben aus Protest der öffentlichen Trauerfeier fern.
Martin war tief betroffen. Coretta versuchte zu helfen, zu trösten, ihn neu zu inspirieren: »Ich erinnere mich, daß ich zu Martin sagte: Im ganzen Land sind die Menschen durch Birmingham so aufgerüttelt, daß du zu einem großen Marsch nach Washington aufrufen solltest, um weiterhin die Dringlichkeit einer Gesetzgebung vor Augen zu führen, welche die Neger völlig in die amerikanische Gesellschaft integriert.«
Vielleicht war der bald zur Legende gewordene Marsch tatsächlich Corettas Einfall. Jedenfalls leuchtete die Idee Martin ein, und er hatte wieder ein Ziel, auf das er zuarbeiten konnte.
Coretta schätzte die Lage durchaus richtig ein. Birmingham hatte den Schwarzen der USA ihre Minderheitssituation drastisch klargemacht. Eine Verbesserung konnte nur durch ein geschlossenes politisches Auftreten der Schwarzamerikaner eingefordert werden. Die Zeit dafür drängte, denn Amerika schien drauf und dran zu sein, seine schwarze Bevölkerung von der gesamtgesellschaftlichen Entwicklung abzukoppeln. 1963 saßen mehr schwarze Kinder in segregierten Schulen als 1952, es waren mehr Schwarze ohne Arbeit

als 1954, und ihr durchschnittliches Einkommen war während des letzten Jahrzehnts gegenüber dem der Weißen noch weiter zurückgefallen. Wenn diese Entwicklung nicht aufgehalten wurde, konnten spätere Verbesserungen kaum noch wirksame Abhilfe schaffen.

1963
Sternmarsch nach Washington, Hoover und das FBI

»Ich bin bereits straffällig geworden, als ich am 15. Januar 1929 in den Vereinigten Staaten als Neger zur Welt kam.«

Zweihundert Bürgerrechtsführer aus vierzehn Organisationen trafen sich in New York, um die Großkundgebung vorzubereiten. Washington war in der jüngsten Geschichte der USA schon mehrmals der Schauplatz nationaler Proteste gewesen. 1894 marschierten Arbeitslose durch die Hauptstadt, 1941 drohten schwarze Gewerkschaftler mit einem Massenaufgebot vor dem Kongreß, 1957 hatte Martin Luther King hier vor 40000 Demonstranten das Stimmrecht für die Schwarzen verlangt.

Als der Morgen des 28. August 1963 anbrach, kamen 250000 Menschen aus dem ganzen Land nach Washington geströmt. Sie zogen durch die Straßen, sangen »black and white together«, demonstrierten für ein anderes Amerika. Nach offiziellen Schätzungen befanden sich etwa 85000 weiße Teilnehmer unter den Marschierern.

Präsident Kennedy war mitten in den parlamentarischen Vorbereitungen für die neue Bürgergesetzgebung. Er hatte von dem Sternmarsch abgeraten. »Ich möchte die Gesetze im Kongreß durchbringen«, erklärte er. »Aber da gibt es genug Leute, die nur nach einem Vorwand suchen, uns eine Abfuhr zu erteilen. Ich möchte keinem Abgeordneten die Chance lassen zu sagen: Gut, ich bin für das Gesetz, aber verdammt noch mal, nicht wenn man mir dabei die Pistole auf die Brust setzt.« King erwiderte trocken: »Ich habe noch bei keiner Aktion mitgemacht, wo es nicht geheißen hätte, jetzt wäre nicht der rechte Augenblick dafür.« Die schwarzen Führer wußten jedoch durchaus, daß Kennedys Argument wog. Sie bemühten sich sicherzustellen, daß der Marsch zu einer friedlichen Kundgebung wurde.

Zweitausend schwarze Polizisten aus New York hatten freiwillig die Ordnungsdienste übernommen, und ein ganzes Aufgebot von Filmschauspielern, Liedermachern und Unterhaltungskünstlern

Chicago
Boston
New York
Chester
Washington
Mississippi
Missouri
Ohio
Arkansas
Little Rock
Appalachen
Greensboro
Birmingham
Atlanta
Dallas
Selma
Montgomery
Alabama
Georgia
Albany
Mississippi
St. Augustine
Florida

sorgte dafür, daß rund um die Uhr ein volles Programm ablief. Harry Belafonte war dabei, Joan Baez sang das Kampflied der Bewegung »We shall overcome«, Peter, Paul und Mary »Blowin' in the wind«, die schwarze Metropolitanberühmtheit Marian Anderson trat auf, Blaskapellen und Schlagzeuger, und ganze Busladungen voll von Kameraleuten filmten die Poster ab: »Freiheit! Jetzt!« – »Wir fordern Stimmrecht« – »Integrierte Schulen« – »Schluß mit der Polizeibrutalität!« – »Arbeit: jetzt!« – »Sozialer Wohnungsbau«, Gewerkschaftsforderungen, CVJM-Spruchbandparolen. Die Menschen gingen Arm in Arm, Schwarz und Weiß, Hand in Hand, manche weinten. Millionen erlebten den kilometerlangen Aufmarsch im Fernsehen, eine Mischung aus politischem Schaugeschäft, Fasching und Gottesdienst. Eine winzige Gruppe amerikanischer Nazis brachte sich am Rand der Kundgebung in Erinnerung.

Die Negerführer verlasen ihre Forderungen, die sie im Anschluß an das Treffen dem Präsidenten im Weißen Haus zustellen wollten: wirksame Bürgerrechtsgesetze, Bundesmittel für Integrationsprogramme, Desegregation aller öffentlichen Schulen bis Ende 1963, Reduzierung der Abgeordnetenzahl im Repräsentantenhaus für diejenigen Staaten, welche die Wahlrechte der Schwarzen beschnitten, Förderung von öffentlichem Wohnungsbau, Bundesinitiativen gegen Unterbeschäftigung und Arbeitsplatzvernichtung, Anhebung des gesetzlichen Mindestlohnes... Eine Viertelmillion Menschen applaudierte.

Washington war Martin Luther Kings Tag. Er trat als letzter Sprecher auf. An seiner zehnminütigen Rede hatte er lange gefeilt, den Text bis aufs Komma endlos mit seinen Freunden durchdiskutiert, auf frühere Ansprachen zurückgegriffen und manche Formulierungen noch im Flugzeug nach Washington umgeschrieben. Die Kundgebungsteilnehmer waren wie elektrisiert, als die Stimme des Ansagers durch die Lautsprecher von der Tribüne vor dem Lincoln Memorial verkündete: »Ich habe die Freude, jetzt Martin Luther King zu präsentieren.« Die Leute in den verschwitzten Blusen und Hemden drängten näher, klatschten, schwenkten ihre Poster, jubelten und winkten mit Taschentüchern dem Helden von Birmingham zu.

»Ich weiß wohl«, wandte er sich an die Hörer, »daß manche unter euch hierher gekommen sind aus großer Bedrängnis und Trübsal. Einige von euch sind direkt aus engen Gefängniszellen gekommen. Einige von euch sind aus Gegenden gekommen, wo ihr aufgrund eures Verlangens nach Freiheit mitgenommen und erschüttert wurdet von den Stürmen der Verfolgung und polizeilicher Brutalität.

Ihr seid die Veteranen schöpferischen Leidens. Macht weiter und vertraut darauf, daß unverdientes Leiden erlösende Qualität hat. Geht zurück nach Mississippi, geht zurück nach Georgia, geht zurück nach Louisiana, geht zurück in die Slums und Gettos der Großstädte im Norden, in dem Wissen, daß die jetzige Situation geändert werden kann und wird. Laßt uns nicht Gefallen finden am Tal der Verzweiflung.

Heute sage ich euch, meine Freunde, trotz der Schwierigkeiten von heute und morgen habe ich einen Traum. Es ist ein Traum, der tief verwurzelt ist im amerikanischen Traum. Ich habe einen Traum, daß eines Tages diese Nation sich erheben wird und der wahren Bedeutung ihres Credos gemäß leben wird. Wir halten diese Wahrheit für selbstverständlich: daß alle Menschen gleich geschaffen sind.

Ich habe einen Traum, daß eines Tages auf den roten Hügeln von Georgia die Söhne früherer Sklaven und die Söhne früherer Sklavenhalter miteinander am Tisch der Brüderlichkeit sitzen können.

Ich habe einen Traum, daß sich eines Tages selbst der Staat Mississippi, ein Staat, der in der Hitze der Ungerechtigkeit und Unterdrückung verschmachtet, in eine Oase von Freiheit und Recht verwandelt.

Ich habe einen Traum, daß meine vier kleinen Kinder eines Tages in einer Nation leben werden, die sie nicht nach ihrer Hautfarbe, sondern nach ihrem Charakter beurteilen wird.

Ich habe einen Traum ...«

Martins Rede war ein Echo auf Lincolns Sprache, fand Coretta. Aber Martin Luther King hatte nicht nur von Lincoln geborgt. Hier stand ein schwarzer Baptistenprediger: Seine Sprache blieb nicht im Kopf, sondern ging den Hörern in den Bauch, vibrierte wie Jazz-

Sound, und am Schluß floß Soul-Power in die ausgefeilten Formulierungen. Martin geriet ins »Whooping«, die Menge antwortete mit Zwischenrufen, »Amen«, »Preist den Herrn« und unterbrach immer wieder mit Beifall. Es war eine der großen Reden der Weltgeschichte. Keiner konnte sich den Visionen eines anderen Amerikas, einer neuen Welt entziehen, die Martin Luther King vor seinen Zuhörern beschwor.

Beim Einbruch der Dunkelheit saßen die Demonstranten wieder in ihren Zügen, Bussen, Flugzeugen und Autos. Sie nahmen Martins Worte mit: »Geht euren Weg weiter!« Washington atmete auf. Die in den Regierungsgebäuden zusammengezogenen, hinter Büschen versteckt gehaltenen Soldaten kamen hervor und lasen den Müll auf. Es war zu keinen Ausschreitungen gekommen. Der schwarze Mob hatte nicht, wie manche befürchtet hatten, das Weiße Haus gestürmt, den Kongreß besetzt, die Startbahn blockiert, die Hauptstadt lahmgelegt. Die Medien überschlugen sich vor Lob. »Als hätten sie zum erstenmal erlebt, daß Neger auch nett und gepflegt aussehen können, genau wie andere Amerikaner«, spottete man beim Stab der SCLC.

Zwanzig Jahre später, am 27. August 1983, treffen sich in Washington 300000 Demonstranten zu einem Martin-Luther-King-Gedächtnistreffen. Die Marschteilnehmer sind diesmal jünger, weißer, weniger gefühlvoll, aber noch immer ist es Martins Vision, die sie alle verbindet. Sie drängen sich abermals in den Alleen, rufen Parolen, singen Freiheitslieder, zerstreuen sich, finden wieder zusammen, lachen, diskutieren, beschimpfen Reagan und lassen Martin Luther King hochleben. Friedensaktivisten, Gewerkschaftler, Feministinnen, junge Weiße und Schwarze auf Skates, Behinderte in Rollstühlen. Viele der Teilnehmer von 1963 sind tot, aber einige der Demonstranten von damals sehen sich hier wieder. John Lewis, der militante Sprecher des studentischen »Koordinationskomitees« SNCC, Harry Belafonte, Daddy King mit drei Enkeln, darunter Martin Luther King III, und Coretta. »Arbeit, Frieden, Freiheit« ist der Slogan des Gedenktags, und ein riesiges Spruchband an der Tribüne vor dem Lincoln Memorial verkündet: »Wir haben noch immer einen Traum.«

Elf Stunden halten die Teilnehmer in glühender Hitze durch, um, wie es die Negerzeitschrift *Ebony* formulierte, »Amerika zu Kings Traum zurückzurufen und zu geloben, daß die Toten nicht umsonst geträumt haben oder gestorben sind.« Als Höhepunkt des Treffens übertragen die Lautsprecher noch einmal Kings Ansprache: »I have a dream«. Als die Baritonstimme des Ermordeten mit ihren rollenden Kadenzen über das Gelände tönte, weinten die Menschen und schämten sich dessen nicht.

Die Bedeutung dieser Rede war auch dem FBI bewußt. In seinen Unterlagen des FBI ist ein Kommentar zum Sternmarsch 1963 festgehalten: Die Ansprache wird als »wirkungsvolle demagogische Rede« bezeichnet. Der Vermerk in der Akte King, die immer mehr anschwillt, kommt nach einer Darstellung von Kings Auftreten zu dem Schluß: »Wir müssen King jetzt, wenn wir es nicht schon bisher taten, als den gefährlichsten Neger für die Zukunft dieser Nation bezeichnen, und zwar unter dem Gesichtspunkt kommunistischer Unterwanderung, der Rassenfrage und der nationalen Sicherheit.« Das FBI drängt den Justizminister um Genehmigung einer elektronischen Lauschoperation gegen den Negerpastor. Robert Kennedy zögert. Das Büro erstellt eine Studie unter dem Titel *Kommunismus und Negerbewegung* und setzt sie bei den zuständigen Regierungsstellen und Geheimdiensten in Umlauf. Die Studie warnt nachdrücklich vor dem »kommunistischen Einfluß in der Negerbewegung«. Martin und sein Stab ahnen noch nichts von den gegen sie gerichteten Ermittlungstätigkeiten.

Im Spätherbst, Freitag, den 22. November 1963, wird John F. Kennedy um 12.27 Uhr auf einer Wahlrundreise durch die Staaten in Dallas, Texas, erschossen. Der Mord auf offener Straße schokkierte die Nation, auch Martin Luther King. »Das wird mir auch passieren«, meinte er zu Coretta. »Ich sage dir ja immer, das ist eine kranke Gesellschaft.« Kennedys Amtszeit betrug 1000 Tage. Am 25. November wurde der Tote auf dem Washingtoner Nationalfriedhof beigesetzt. Unter den Trauergästen befand sich auch Martin.

King hatte Kennedy mit Vorbehalten gegenübergestanden. Erst seit sich der Präsident im Juni des Jahres für die Bürgerrechtsgesetzgebung stark gemacht hatte, nahm er seine Distanz ein wenig zurück.

»Gegen Ende seines Lebens hatte er sich gewandelt«, schrieb King in einem Nachruf des *Look*-Magazins. »Von einem zaudernden Führer mit verschwommenen Zielen entwickelte er sich zu einer starken Persönlichkeit mit überzeugenden Ideen.«

Daß Kennedys Gesetzesinitiative zugunsten der Gleichberechtigung der Schwarzamerikaner im Kongreß hängenblieb, war nicht dem mangelnden Engagement des Präsidenten zuzuschreiben. Allerdings kamen ihm nachträglich Zweifel, ob es überhaupt klug gewesen war, das heiße Eisen anzufassen.

»Alle vier Tage«, schreibt Robert Kennedy in seinen Erinnerungen, fragte ihn John: »Meinst du, es war gut, die Sache in den Kongreß einzubringen? Guck dir den Ärger an, den wir damit haben.«

John F. Kennedy hatte, anders als sein Nachfolger Johnson, keine glückliche Hand mit den Abgeordneten. Ein beträchtlicher Teil der Gesetzesvorlagen seiner Amtszeit passierte nicht die Häuser des Parlaments. In der Desegregationspolitik wurde Kennedy von seiner eigenen Partei vorgerechnet, daß ihm das Eintreten für die Farbigen viereinhalb Millionen Stimmen Weißamerikaner gekostet und nur eine Million Stimmen von den Schwarzen eingebracht habe.

Von der Außenpolitik Kennedys hat Martin Luther King damals noch nicht groß Kenntnis genommen. Erst ein paar Jahre später wurde ihm klar, was für ein verhängnisvolles Versäumnis Kennedy unterlaufen war, als er die von seinen Vorgängern Truman und Eisenhower geerbte Vietnampolitik nahtlos fortgeführt hatte. Seit Truman hatte die US-Außenpolitik im vietnamesischen Bürgerkrieg für die korrupte Regierung des geteilten Landes südlich des 17. Breitengrades Partei ergriffen. Ende 1954 befanden sich bereits 200 sogenannte Militärberater in Südvietnam, 1958 erhöhte Eisenhower ihre Zahl auf mehr als 1000 Offiziere und Mannschaften.

Die USA begannen unter den Augen der Weltöffentlichkeit ein feudales Regime zu unterstützen, das unter den Bürgern des eigenen Landes auf Menschenjagd ging. Siebzig Prozent der Bevölkerung besaßen nur zwölfeinhalb Prozent aller bewirtschafteten Flächen. Sie verlangten Landreformen. Die südvietnamesischen

Machthaber antworteten mit brutaler Unterdrückung. Doch die USA glaubten aus strategischen Interessen nicht auf Südvietnams starke Männer verzichten zu können. Auf Empfehlung seiner außenpolitischen Berater verstärkte John F. Kennedy die militärischen Eingreifkommandos der USA auf 15000 Mann, die das Regime Diem bei der Bekämpfung »kommunistischer Untergrundkämpfer« unterstützten.
Im Todesjahr Kennedys kontrollierte die nationale Befreiungsarmee, der Vietcong, bereits achtzig Prozent des Landes. Der nordvietnamesische Ministerpräsident spottete: »Armer Diem, er ist unbeliebt. Und weil er unbeliebt ist, müssen die Amerikaner ihm helfen. Dadurch wird er noch unbeliebter, und die Amerikaner müssen ihm noch mehr helfen. Das ist kein Teufelskreis, sondern eine in die Katastrophe führende Spirale.« In den letzten Wochen seines Lebens kamen Kennedy selbst Zweifel an der amerikanischen Vietnampolitik. Im Blick auf die ehemaligen Kolonialherren des Landes fragte er besorgt: »Die Franzosen haben es nicht geschafft. Ob es uns gelingt?«
1965 nimmt Martin Luther King erstmals öffentlich Stellung gegen die offizielle Vietnampolitik der USA. »Ich kann nicht einfach hier sitzen und zusehen, wie der Krieg eskaliert, und mich in Schweigen hüllen«, erklärte er auf einer Kundgebung. »Es hat keinen Sinn, von Integration zu sprechen, wenn es keine Welt gibt, in die es sich zu integrieren lohnt. Der Krieg in Vietnam muß zum Stillstand gebracht werden. Es gilt zu einem Verhandlungsergebnis zu kommen, wenn es sein muß, auch unter Einbeziehung des Vietcong.«

Um die Jahreswende 1963/64 erreicht Martin Luther King den Höhepunkt seiner Öffentlichkeitskarriere. Er gilt national wie international als der anerkannte Führer der Schwarzen. Ehrentitel und Auszeichnungen, Orden und Diplome überhäufen ihn. Comics und Bildbände feiern ihn als Helden, seine Fotos hängen wie Ikonen in den Wohnungen der Schwarzen, Fernsehstationen stapeln Archivmaterial über ihn. Er verkehrt im Weißen Haus. Das Nachrichtenmagazin *Newsweek* erklärt ihn zum »erfolgreichsten Sprecher seiner Rasse«. Das *Time*-Magazin zieht nach und wählt ihn zum »Mann des Jahres«. Sein Gesicht erscheint als Titelbild der

Ausgabe vom 3. Januar 1964. Martin Luther King ist, mit den Worten des Blattes, »das Symbol der Revolution hundert Jahre nach der Emanzipation.«
Irgendwann um diese Zeit steht Martin vor dem Vollspiegel seines Arbeitszimmers in Atlanta. Mit seiner schwarzen Haut kann er nicht mehr hadern. Sie hat ihn schließlich berühmt gemacht und über die Farbgrenze gehoben. Sein Spiegelbild zeigt einen untadelig eleganten Südstaaten-Gentleman mit exquisiten Manieren. Der junge »Tweed« vom Morehouse-College ist nicht vergessen.
Der Mann im Glas könnte mit sich zufrieden sein, wenn er nicht Martin Luther King hieße. Denn das Problem, das er mit sich selbst hat, ist geblieben, nur weiter nach innen verlagert. »Doc«, sagt er zu dem Freund, der bei ihm sitzt, »irgendwie ist da ein Dualismus in meinem Leben.«
Das klingt wie die Äußerung einer Brigit Bardot: »Eigentlich war ich doch nicht mehr als ein Produkt, eine Schaupackung, nach deren Inhalt niemand fragte. Ich habe mehr gelitten als gelebt.« Und das wiederum könnte von Marilyn Monroe stammen, Hollywoods Liebesgöttin, die im Jahr zuvor, 1962, an einer Tablettenüberdosis starb.
Man weiß nicht, ob es Verzweiflung war, Versehen oder vielleicht gar ein Mord.
Der Bürgerrechtspastor, der sich der Öffentlichkeit präsentiert, macht nicht den Eindruck eines Mannes, der mit sich im Zwiespalt liegt. Eher wirkt Martin wie ein schwarzer Buddha, kontrolliert und konzentriert, ganz und gar aus einem Stück. Aber wieviel davon war echt, wieviel nur nach außen hin zur Schau gestellt? Wir wissen wenig über sein Inneres, seine Gefühle. Martin, der öffentliche Redner, ist privat ein Schweiger geblieben. Aber während er sich im Spiegel mustert, vertraut er dem Freund an: »Der Martin Luther King, über den die Leute reden, kommt mir vor wie ein Fremder.« Wer ist er dann selbst?
Keinesfalls ein unkomplizierter Mann. Nach wie vor ist es für ihn nicht leicht, mit sich auf einen Nenner zu kommen. Gewiß, er hat die Schwarzamerikaner ein paar Schritte vorangebracht. Das kann ihm niemand nehmen. Aber was ist mit den Bombenopfern in der Kirche von Birmingham? Und die vier Mädchen sind nicht die

einzigen. Wenn Martin, der Prediger von Gewaltlosigkeit, hinter sich schaut, zeichnen blutige Spuren seinen Weg. Wie wird er damit fertig? Die Augen davor verschließen kann er nicht.

»Mein Mann«, bemerkte Coretta einmal, »war jemand, der von Schuldgefühlen besessen war, wie die Psychologen so etwas vielleicht nennen würden.« So jemand zuckt nicht einfach die Achseln über die unvermeidlichen Opfer. Und wenn dann noch jemand auf einer Party hingeht und den schwarzen Jünger Gandhis auf den Bauch klopft und frotzelt: »Martin, du ißt zu gut«, dann geht das nicht nur unter die Haut, sondern bis ins Gewissen.

Außerdem und nicht zuletzt ist Martin Luther King ein Pastor. Doch wann kümmert er sich eigentlich um seine Gemeinde? Sicher, gelegentlich erscheint er auf der Kanzel der Ebenezer-Kirche. Aber was ist mit dem Werktag, mit Seelsorge, Hausbesuchen, Jugendunterricht, Verwaltung, der Kleinarbeit in der Gemeinde? Andererseits ist gerade sein Amt, die spirituelle Berufung, sein unanfechtbarster Halt; die Theologie der Selbstverkleinerung, der Sünderheiland, dem er sich in die Arme werfen kann: »Herr, ich glaube, hilf meinem Unglauben!« Doch das wieder spitzt das Problem zwischen Martin drinnen und Martin draußen erst richtig zu.

Sein Biograph John A. Williams berichtet eine bezeichnende Episode. Er zitiert eine Freundin des Pastors, die sich an Martins Reaktion auf das für ihn so schmeichelhafte Umfrageergebnis der *Newsweek* erinnert: »Er stand auf und stürzte zum nächsten Zeitungsstand. Er hatte das Blatt schon bei den Umfrageergebnissen aufgeschlagen und war ganz in die Lektüre versunken. Nach einer Weile muß er gemerkt haben, daß ich sein Verhalten einfach schäbig fand, und er schlug das Heft zu. Er tat, als ob es ihm leid täte. Er sagte: ›Ich weiß, ich sollte nichts darauf geben, was die Leute über mich denken. Ich sollte mich nicht darum scheren, sondern einfach machen, was ich tun muß. Ich dürfte nicht so eitel sein.‹ Aber er fühlte sich gut, weil er bei der Umfrage als Bester abgeschnitten hatte.«

Völlig menschlich, aber für den Theologen ein Problem, das sich nicht einfach wegstecken läßt. Wenn er wenigstens über sich lachen könnte, wäre dem doppelten Martin schon viel geholfen. Aber humorige Selbstdistanz geht ihm völlig ab. Martin kann albern,

herumtollen wie ein kleiner Junge, doch sich auf den Arm nehmen kann er nicht, dafür trägt er an sich zu schwer.
Holt er sein Terminbuch hervor, ist er auf Jahre hinaus vergeben. Organisationen aller Art, Klubs, Verbände, Personen des öffentlichen Lebens, Universitäten warten auf ihn, Arbeitsessen, Empfänge, Verhandlungen, Absprachen für neue Termine. Von Flughafen zu Flughafen hetzend, bringt Martin Luther King eine jährliche Kilometerleistung hinter sich, die dem fünffachen Erdumfang entspricht. Schlafstörungen werden zum Dauerproblem. Der Mann auf dem Höhepunkt seiner Karriere kommt buchstäblich nicht mehr zu sich selbst. Er lebt von der Substanz. Wie im Kafkaschen Gleichnis wird Martin zum Bettler im eigenen Haus: »Er frißt den Abfall vom eigenen Tisch; dadurch wird er zwar ein Weilchen lang satter als alle, verlernt aber vom Tisch zu essen; dadurch hört dann aber auch der Abfall auf.« Das ist, auf die kürzeste Formel gebracht, der »Dualismus«, mit dem er lebt.
In diese schwierige Situation trifft der erste Lauschangriff des FBI. Nachdem das Büro die »Christliche Führungskonferenz« kommunistischer Umtriebe bezichtigt, genehmigt Justizminister Robert Kennedy eine umfassende Ausspähung. Während der ersten Januartage 1964 hat der Stab das Willard-Hotel in Washington gebucht. Als Martin mit ein paar Leuten der SCLC Quartier bezieht, sind die Räume elektronisch verwanzt. Das FBI hört mit. Ein Dutzend Tonbandrollen zeichnen auf, was zwischen den Wänden passiert. Darunter eine »lively party«, zu der zwei schwarze Frauen hinzustoßen. In den Akten heißt es später, das Material genüge, um King vor der Nation und bei seinen Negerfreunden als »Betrüger und Demagogen« zu entlarven und ihn »von seinem hohen Sockel zu bringen«. Eine verkürzte Tonbandnachschrift landet auf Hoovers Schreibtisch. Der Direktor ist befriedigt: Endlich hat er verwertbares Material gegen Martin Luther King in der Hand.
»King ist ein Kater mit völlig verkommenen Sexualtrieben«, befindet Hoover nach Durchsicht der Unterlagen. »Das hier wird den ›burrhead‹ fertigmachen.« Das Wort »burrhead« ist ein unübersetzbarer Slangausdruck härtesten Grades für Neger. Es war offenbar Hoovers stehende Bezeichnung für den Baptistenpastor. Seine

restlichen Ausdrücke reichten von »Charakterlump« bis »tierischer Kerl«, und anscheinend waren die übrigen mit dem Fall King befaßten Beamten des Büros nicht zimperlicher in der Wortwahl. David Garrow, der 1981 eine detaillierte Untersuchung der Aktivitäten des FBI gegen Martin Luther King veröffentlichte, kommt zu dem Schluß: »Das Büro sah in den schwarzen Führern, besonders in King, korrupte, kriminelle, triebhafte Demagogen, die vernichtet und durch andere achtbare Persönlichkeiten ersetzt werden mußten, denen man die Führung der unwissenden Schwarzen anvertrauen konnte.« Und Coretta erklärte nach der Ermordung ihres Mannes: »Das FBI verfuhr mit der Bürgerrechtsbewegung wie mit einer feindlichen auswärtigen Macht, welche die Vereinigten Staaten attackiert.«

Das Büro gab seine Ermittlungen umgehend an das Weiße Haus weiter und spielte mit dem Gedanken, die belastende Dokumentation unter der Hand den Medien zugänglich zu machen. Die weitere Planung zielte darauf ab, eine »gutaussehende Agentin« in Martins Mitarbeiterstab einzuschleusen und zu versuchen, sich Corettas Mithilfe auf die eine oder andere Weise zu versichern. Finanzexperten des Büros gingen daran, Martins finanzielle Verhältnisse unter die Lupe zu nehmen. Von da an erscheint jedes Detail seines Lebens auf dem Bildschirm seiner Überwacher. Martin Luther King wird zum gläsernen Menschen. Seine ständig wechselnden Termine und Aufenthaltsorte erleichtern es, die Operationen gegen ihn mit immer neuen Mitteln fortzusetzen. In einem Fall werden neun Minispione in seine unmittelbare Umgebung installiert, um eine fortlaufende Ausspähung zu gewährleisten. Man bringt versteckte Kameras in Einsatz, Agenten erhalten unbeschränkte Eingriffsermächtigung, Zimmer aufzubrechen, Gepäck zu kontrollieren und beliebig andere Ermittlungstätigkeiten gegen King durchzuführen. Berge von Material kommen zusammen: private Äußerungen Martins über Politiker und andere einflußreiche Personen des öffentlichen Lebens, zweideutige Späße, Sexspiele, Operationspläne für die nächste Aktion, Finanzplanungsabsprachen. Es gelingt dem FBI nicht, den Verdacht einer kommunistischen Unterwanderung der »Christlichen Führungskonferenz« über alle Zweifel zu erhärten. Das Bundeskriminalamt selbst kommt jedoch bei der Sichtung des vorliegenden Materials zu dem Schluß, daß die Observation Kings dessen umstürzlerischen Ziele voll bestätigt habe.

»Es gibt klare und unmißverständliche Hinweise, daß wir uns mitten in einer sozialistischen Revolution befinden«, stellt das Büro fest. »Ihr harter Kern ist die Rassenbewegung.«

Paradoxerweise sahen Martins rassistische Gegner in diesem Punkt klarer als viele seiner weißen Sympathisanten, die ihn als sanften »Apostel der Gewaltlosigkeit« verklärten.

1964–1965
Friedensnobelpreis, elektronische Wanzen, Selma und Malcom X

»They are out to break me – die wollen mich kaputtmachen.«

Furcht vor einer Zunahme sozialer Unruhen veranlaßte den Kongreß, 1964 die Bürgerrechtsvorlage des ermordeten Präsidenten zu verabschieden. Gegen hinhaltenden Widerstand einzelner Südstaatenabgeordneten wurde das bislang weitreichendste Gesetz gegen die Benachteiligung der Schwarzamerikaner von einer großen Mehrheit angenommen. Es untersagte die Ungleichbehandlung der Farbigen in Schulen, Hotels, Motels, Gasthäusern, Restaurants, Imbißstuben, Theatern, Konzerthallen, Sportplätzen, Tankstellen und die Rassendiskriminierung auf dem Arbeitsmarkt. Zugleich entfiel das sogenannte »Kopfgeld«, das den Gang zur Urne in mehreren Staaten mit einer Art Luxussteuer belegte. Das Bürgerrechtsgesetz Johnsons ging über Kennedys ursprüngliche Vorlage hinaus, ließ jedoch immer noch Lücken. So wurde der Schreib- und Lesetest, mit dem sich Bürger in mehreren Staaten noch immer zur Wahl qualifizieren mußten, erst im darauffolgenden Jahr abgeschafft.

Kennedy hatte versucht, seine Vorlage mit moralischen Argumenten durchs Parlament zu bringen. Lyndon B. Johnson dagegen sprach ganz offen von der Gefahr einer Negerrevolution, der es gelte, seitens der Legislative zuvorzukommen.

Johnson, ein Texaner, war der erste Südstaaten-Präsident im Weißen Haus. Kennedy hatte ihn zu seinem Vizepräsidenten ernannt, um die weißen Südstaatler bei der Stange zu halten. Doch der neue Präsident war realistisch genug, um die Zeichen der Zeit zu erkennen. Das Bürgerrechtsgesetz konnte sich als wirksames Mittel erweisen, der Bewegung den Wind aus den Segeln zu nehmen, wenn es auch in Wirklichkeit nur, wie Johnson später in seiner Selbstbiographie eingestand, »den Neger von einer glatten Fünf auf eine schlechte Vier« brachte.

Die Ratifizierung des Gesetzes durch den Präsidenten wurde zu

einem Jahrhundertereignis herausgeputzt. In Anwesenheit führender Vertreter des öffentlichen Lebens hatte Johnson im Ostzimmer des Weißen Hauses vor den Kameras Platz genommen und begann mit dem Unterschriftszeremoniell, setzte Ort, Datum und seinen Namen unter das Gesetzeswerk, wobei er für jeden der neunundvierzig Buchstaben und Interpunktionszeichen einen neuen Schreibstift benutzte, den er seinen Ehrengästen als Erinnerung an das historische Datum verehrte. Als ihm der Vorrat ausging, forderte er Nachschub an, fügte hier noch ein Häkchen, dort noch ein Strichlein hinzu und hatte am Schluß der Schau zweiundsiebzig Schreibwerkzeuge unter die Menge gebracht. Auch die anwesenden Negerführer bekamen einen Stift, allen voran Martin Luther King, dessen Verdienste um das Gesetz die Kommentatoren der Medien einhellig würdigten.
Auf den Fotos sieht man Martin in der zweiten Stuhlreihe rechts hinter dem Präsidenten sitzen. Sein Gesicht ist ausdruckslos. Coretta erwähnt in dem Lebensbild ihres Mannes die Gesetzgebung von 1964 nur mit einem Nebensatz. Dabei hatte King für die Durchsetzung dieser Bestimmungen jahrelang gekämpft. Trotzdem strahlte er nicht. Der Civil Rights Act, befand er bitter, war zu spät gekommen, kostete nichts und bewirkte darum auch nichts.
Vierzehn Tage später explodierten die Gettos. Vier Nächte und drei Tage tobte die Schlacht in Harlem. Die Funken sprangen auf Rochester, New Jersey, Philadelphia und Chicago über und lösten einen Flächenbrand aus. Tausende Schwarzamerikaner lieferten der Polizei und den herbeigerufenen Eingreifkommandos des Bundes zehn Tage lang Straßenschlachten, Flugblätter mit Anweisungen zur Anfertigung von Benzinbomben kursierten: »Eine Flasche füllen, einen Stoffetzen als Docht, anzünden, wegschleudern, und dann siehst du, wie sie rennen!«
Glassplitter bedeckten die Straßen, blutüberströmte Verwundete verkrochen sich hinter Autowracks und Mülltonnen. Schwarze, Puertoricaner, Mexikaner und Indianer marschierten durch die Geschäfte der Weißen und bedienten sich nach Belieben.
New York setzte seine gesamte Ordnungsmacht gegen die Farbigen in Bewegung, 26000 Polizisten. Die Bilanz der Unruhen in Harlem und Rochester: sieben Tote, achthundert Verletzte, darunter acht-

undvierzig Polizeibeamte. Über tausend Personen wurden verhaftet. Abgesehen von Detroit im Jahr 1943, waren dies die ersten Gettoaufstände, die Amerika erlebte.
Martin Luther King hatte noch zu Jahresanfang in den *Newsletters* der SCLC geschrieben: »Ich glaube nicht, daß sich die Neger in größerem Umfang Gewalttätigkeiten zuwenden werden.« Die Unruhen widerlegten seine Prognose. Martin kannte sich im Süden aus, aber eben nur dort; von den Verhältnissen in den Großstädten des industrialisierten Nordens hatte er keinen wirklichen Begriff.
James Baldwin, der bedeutendste US-Negerschriftsteller, meinte: »Martin Luther King erreicht diese Leute nicht.« Baldwin hatte schon vor den Unruhen in einer Streitschrift prophezeit: »Das nächstemal kommt Feuer!« In einem *Spiegel*-Gespräch erklärte er: »Seit vielen Jahren werden in Harlem Waffen gehortet. Nur: Jetzt erst ist der weiße Mann dahintergekommen. Aber sie werden seit Jahren gehortet und nur für den einen Zweck, das heißt für die eines Tages unvermeidliche blutige Auseinandersetzung.«
Unter dem Eindruck von Kings Aktionen in den Südstaaten, setzte Baldwin den Journalisten auseinander, habe sich das Interesse der Öffentlichkeit in die verkehrte Richtung verlagert. Und er fuhr fort: »Die Lage der Neger in den Großstädten ist explosiver, weil sie verzweifelter und auswegloser ist. Im Süden ist die Diskriminierung nackt und unverblümt. Die sogenannten liberalen Rassenbeziehungen in den Städten des Nordens sind viel schlimmer. Als Klassenkonflikt äußert sich dort, was in Wirklichkeit ein Rassenkonflikt ist. Man ist an einen schlechten Job gefesselt, weil man ein Neger ist. Wenn man in ein Restaurant geht, wird man nicht wie im Süden rausgeschmissen, sondern irgendwo in eine dunkle Ecke hinter den Ofen gesetzt, damit niemand einen sieht, und dann lassen sie einen warten.«
Der schwarze Schriftsteller bezeichnete in seiner Streitschrift die Gettos als Konzentrationslager und erläutert im Gespräch, warum er diese Vokabel verwendet: »Die Bevölkerung darin ist gefangen. Sie kann nicht raus. Und das wissen die Hausbesitzer. Und deshalb tun sie nichts, die Gebäude instandzuhalten. Die Schuld an dem Schmutz, der dadurch entsteht, schieben sie den Menschen zu, die darin wohnen.«

Der Bericht einer Regierungskommission kommt 1967 zu dem gleichen Ergebnis, wenn er feststellt: »Was die weißen Amerikaner nie begriffen haben, können die Neger niemals vergessen: daß die weiße Gesellschaft entscheidend zur Bildung des Gettos beigetragen hat.«
Nach den Erfahrungen des ersten »heißen Sommers« stimmte Martin Luther King dem zornigen Baldwin zu. Doch anders als dieser machte Martin die Ursachen für die ausweglose ökonomische Situation der Schwarzamerikaner nicht mehr ausschließlich am weißen Rassismus fest. Die Wirtschaftspolitik der Staaten hatte die Ansicht zu ihrem Dogma erhoben, die Profite der Großen brächten automatischen Nutzen für die Gesamtheit, »was für General Motors gut ist, ist auch für Amerika gut.« Tatsächlich aber fielen immer mehr Bevölkerungsteile, für die das ökonomische System keine Verwendung mehr hatte, aus dem Arbeitsprozeß heraus.
Die meisten Schwarzen und die Farbigen überhaupt, aber zunehmend auch viele verarmte Weißamerikaner wurden als »unnecessary people« aus der Sicht der Wirtschaftspolitik zum gesellschaftlichen Ballast. Zahlenmäßig waren unter den sogenannten »unnützen Essern«, die mehr verzehrten als erzeugten, die Schwarzen am stärksten vertreten. Amerika wäre sie, wie später die EG ihre arbeitslosen Gastarbeiter in den achtziger Jahren, am liebsten ganz losgeworden nach dem Motto: »Ich habe nichts gegen gehorsame, fleißige Sklaven. Nur wenn sie frei sind – zur Hölle mit ihnen oder zurück nach Afrika.«
Tatsächlich unternahmen verschiedene Organisationen am Ausgang des 19. Jahrhunderts in den USA den Versuch, die ehemaligen Sklaven, die man jetzt nicht mehr brauchte, außer Landes zu bringen. Die Rückführungspläne scheiterten aus vielfachen Gründen. Nicht zuletzt deswegen, weil sich die Charter für den benötigten Schiffsraum nicht finanzieren ließ. So blieben die Neger als »unnecessary people« im Land. Die überzähligen Schwarzen versahen die niedrigsten Handarbeiten, wurden aber zuletzt auch hier, je stärker sich die Wirtschaft mechanisierte, als überflüssig aussortiert und in den Gettos auf kaltem Weg von der Gesellschaft ausgesperrt.
Martin Luther King sprach von einem »ökonomischen Holocaust«

der Schwarzamerikaner, die man in den Gettos über Wohlfahrtsprogramme und staatlich organisierte Arbeitsbeschaffungsmaßnahmen zu möglichst niedrigen gesellschaftlichen Gesamtkosten abfütterte. Er war allerdings noch immer optimistisch genug zu glauben, ihre Situation könnte durch einen verstärkten Einsatz von Bundesmitteln verbessert werden. Nach den Unruhen im »heißen Sommer« 1964 forderte er: »Die Zeit ist reif, ein massives Programm ehrlich und entschlossen auf den Weg zu bringen, um die Neger von der langen Nacht wirtschaftlicher Benachteiligung und gesellschaftlicher Isolation zu befreien.«

Weiße Liberale wie Robert Kennedy dachten ähnlich. In seinem Buch *Streben nach Gerechtigkeit* setzte sich der Bruder des ermordeten Präsidenten mit dem Zustand der US-Gesellschaft auseinander und kam zu dem Schluß: »Zum ersten Mal in der Geschichte verfügen wir über alle erforderlichen Mittel, um sämtliche Formen und Symptome der Armut abschaffen zu können. In Amerika haben wir das Problem des Mangels bereits gelöst, und ist das erst einmal geschafft, stellt sich Armut nur noch als Problem der Verteilung dar.«

Der »heiße Sommer« war eine Warnung. Nichts hätte Martin davon abhalten dürfen, jetzt seine Aktionen in den Norden zu verlegen. Aber noch ist er nicht soweit. Der Süden ist ihm vertraut, hier sind ihm seine spektakulärsten Durchbrüche geglückt, und die meisten Leute vom Stab der SCLC, auf deren Zuarbeit er angewiesen ist, kennen sich wie er in den Gettos nicht aus. Und in den Südstaaten spitzt sich die Situation wieder einmal zu.

Auf dem früheren Sklavenmarkt von St. Augustine, Florida, der ältesten Stadt der Staaten, werden schwarze und weiße Bürgerrechtsdemonstranten mit Benzin und Salzsäure überschüttet. Polizei und Ku-Klux-Klan arbeiten sich gegenseitig in die Hände.

Martin nimmt mehrmals an Aktionen in St. Augustine teil und verbringt wieder einmal fast eine Woche im Gefängnis. Auf einer Kundgebung sagt er: »Ihr wißt, sie haben noch andere Methoden. Hier und da drohen sie uns gelegentlich mit mehr als Prügel. Sie bedrohen uns mit physischer Vernichtung. Sie glauben, damit könnten sie die Bewegung aufhalten. Man hat mir in Kalifornien zugetragen, in St. Augustine, Florida, plane man mich zu töten.

Gut, wenn der physische Tod der Preis ist, den ich zahlen muß, um meine weißen Brüder und Schwestern von ihrer geistigen Todesstarre zu befreien, könnte das wirklich eine Erlösung sein. Wir alle haben längst wieder mit unseren Vorfahren neu singen gelernt: ›Before I'll be a slave, I'll be buried in my grave and go home to my father and be saved‹ – bevor man mich versklavt, leg ich mich eher ins Grab und kehr zu meinem Vater heim und werde dort gerettet sein.«
Während im Frühjahr in New York die »Weltausstellung 1964/65« unter dem Motto »Friede durch Verstehen« eröffnet wird, verschwinden drei Bürgerrechtler, Schwerner, Chaney und Goodman, im Staat Mississippi. Nach vierundvierzig Tagen Ermittlungsarbeit finden FBI-Beamte die Leichen der Männer unter einem frisch aufgeschütteten Staudamm unweit der Kleinstadt Philadelphia. Der Körper von Chaney, dem einzigen Schwarzen unter den dreien, ist besonders entstellt. Offenbar wurde der Mann mit Ketten zu Tode geprügelt. Im Jahr darauf gelingt es dem Büro, die Täter ausfindig zu machen. Es sind sieben Ku-Klux-Klan-Männer. Das Gericht verurteilt die Meuchelmörder zu Freiheitsstrafen zwischen drei und zehn Jahren. Wie die Ermordeten bereist auch Martin Luther King in diesem Sommer wochenlang den »schwarzen Gürtel« der Südstaaten, um nach Verabschiedung des neuen Wahlrechts durch den Kongreß die Wählerregistrierung unter den Schwarzen voranzutreiben. Alle Bürgerrechtsorganisationen beteiligen sich an der Kampagne. Im Lauf des Sommers stoßen mehrere hundert weiße Studenten dazu. Ein Vertreter des »Koordinationskomitees« der Studenten instruiert sie.
»Unsere Ziele sind begrenzt«, setzt er den Jugendlichen auseinander. »Schon wenn wir lebendig wieder zurückkommen, haben wir viel erreicht. Und wenn euch Neger ins Haus lassen und ihr sitzt einfach da und unterhaltet euch, dann ist das schon ein Riesending. Wir wollen keine Eßlokale integrieren. Die Neger in Mississippi haben sowieso nicht das Geld, zum Essen auszugehen.«
Ende 1964 zieht das »Koordinationskomitee gewaltfreier Studenten« Bilanz seiner vierjährigen Arbeit im Süden. Sie fällt ernüchternd aus. Gemessen am Einsatz war ihnen kein großer Erfolg beschieden. Ihr Schwung ist verbraucht. Die Unterstützung durch

Washington blieb aus, die Parteien wollen mit den jungen Wilden nichts zu schaffen haben, und der Druck der weißen Gegengewalt nahm zu. Im Lauf des »Freiheitssommers« 1964 wurden vierzehn Schwarze ermordet. Dem »Koordinationskomitee« stellt sich immer dringlicher die Frage, ob die gewaltlose Strategie Kings und dessen Integrationskonzept überhaupt noch sinnvolle Perspektiven sind.
Andererseits ist 1964 das Jahr, in dem die Werbeindustrie erstmals in größerem Umfang ihre Berührungsängste gegenüber den Farbigen verliert. Schwarze Mannequins führen Damen-, Herren- und Kindermoden vor, Warenhauskataloge und Fernsehwerbung bringen den Neger als Verbraucher gehobener Konsumgüter ins Bild. Das deutet auf eine tiefgreifende Veränderung der Sehgewohnheiten der Weißamerikaner hin. Eine Meinungsumfrage des Gallup-Instituts ergibt, daß 72 Prozent der Befragten den neuen Bürgerrechtsgesetzen positiv gegenüberstehen. Eine Erhebung im Folgejahr bringt jedoch zutage, daß nur 29 Prozent sich vorstellen können, einen Schwarzen zu einer Party bei sich zu Hause zu haben, und nur 38 Prozent nichts dagegen hätten, wenn ihre Kinder mit farbigen im Schwimmbad planschen würden.
Am 14. September ist Martin Luther King mit Ralph Abernathy, einer lang verabredeten Einladung folgend, zu Besuch in West-Berlin. Sie werden vom Regierenden Bürgermeister Willy Brandt festlich in der neuen Philharmonie empfangen. Im Berliner Waldbühnenstadion hält Martin vor 25000 Besuchern eine Ansprache. Tags darauf sind er und Ralph die Gäste des Kirchenbeauftragten der DDR, Gerald Götting, in Ost-Berlin. Götting begrüßt Martin Luther King mit den Worten: »Wir alle verehren in Ihnen einen der großen Kämpfer gegen die historisch überlebte menschenunwürdige Rassendiskriminierung.« In der Ost-Berliner Marienkirche singt der Chor »Let my people go«, und die beiden schwarzen Besucher scheiden tief bewegt. Über Rom, wo sie Papst Paul VI. zu einer zwanzigminütigen Audienz empfängt, fliegen sie in die Staaten zurück.
Martin ist erschöpft. Am 14. Oktober wird er ins St. Josephs-Krankenhaus von Atlanta eingewiesen. Es sei nichts Ernstes, lassen die Ärzte verlauten, aber er sei einfach am Ende seiner Kraft. Erstmals seit Wochen findet er wieder richtig Schlaf.

Am nächsten Morgen klingelt Corettas Telefon. Ein Reporter meldet sich. Das Nobelpreiskomitee hat Martin Luther King zum Friedenspreisträger des Jahres gewählt. »Sobald der Reporter aufgehängt hatte«, erzählt Coretta, »rief ich Martin in der Klinik an. Als er sich mit schläfriger Stimme meldete, sagte ich fröhlich: Wie geht es dem Friedensnobelpreisträger 1964 heute morgen?«
Die Nachricht verbreitete sich rasch. Der katholische Erzbischof von Atlanta erscheint am Krankenbett, gratuliert Martin Luther King und segnet ihn, fällt hernach neben King auf die Knie und ersucht seinerseits den schwarzen Pfarrer, ihm den Segen zu erteilen. Martin ist von der noblen Geste tief gerührt. Lächelnd erzählt er hinterher Coretta, wie ein Mann namens »Martin Luther« über den katholischen Würdenträger das Kreuz geschlagen hat.
Im Büro der »Christlichen Führungskonferenz« stehen unterdessen die Telefone nicht mehr still. Glückwünsche aus dem ganzen Land und aus aller Welt treffen in Atlanta ein. Gewiß muß Martin die Auszeichnung geschmeichelt haben. Mit seinen 35 Jahren ist er der jüngste Träger dieses Preises. Natürlich hat er ihn auch verdient. Bestimmt aber melden sich auch seine Skrupel: War er, der doppelte Martin, der mit sich selbst auf Kriegsfuß stand, überhaupt würdig, diese Ehrung »im Namen aller Menschen, die Frieden und Brüderlichkeit lieben«, entgegenzunehmen?
Auch in den Medien wird Kritik laut, besonders im Süden. Ein Reporter interviewt den ehemaligen Polizeichef von Birmingham und befragt Connor nach seiner Meinung. Der lehnt zunächst jeden Kommentar ab: »Es ist ein ausländischer Preis. Die Leute drüben kennen ihn nicht«, weicht er aus. Dann aber bemerkt er gereizt: »Diesmal haben die wohl das letzte aus dem Topf gekratzt, als sie ihn nahmen. King hat mehr böses Blut und Unruhen in diesem Land verursacht als irgend jemand sonst, den ich mir vorstellen könnte.«
Der Polizeichef von St. Augustine äußert: »Das ist doch der größte Witz des Jahres.« Und eine Südstaatenzeitung schreibt: »Die Leute im Süden wissen, wo King hinkommt, da folgen Gewalt und Haß seinen Spuren.«
Mit derartigen Reaktionen mußte Martin rechnen. Wirklich alarmiert ist er dann aber, als er ein paar Tage nach der Bekanntgabe des Nobelkomitees in den Schlagzeilen liest: »J. Edgar Hoover

bezeichnet Martin Luther King als den notorischsten Lügner des Landes.« Auf einer Pressekonferenz fügte der FBI-Mann vielsagend hinzu: »Ich habe nicht mal damit begonnen auszupacken, was ich über dieses Subjekt zu erzählen wüßte.«
Martin Luther King sucht den Direktor zu einem persönlichen Gespräch auf. Vor Presseleuten spricht er danach von einem »sehr freundlichen, sehr verständnisvollen Meinungsaustausch« und erklärt: »Ich hoffe aufrichtig, daß wir nun die Mißhelligkeiten der Vergangenheit vergessen können.« Doch daran wird Martin im Ernst nicht geglaubt haben. Ihm war klar geworden, daß Hoover etwas gegen ihn in der Hand hatte. Und der FBI-Direktor dachte gar nicht daran, das zu vergessen.
Das FBI ging bis zum Äußersten, um Martin Luther King davon abzuhalten, seine Ehrung in Oslo entgegenzunehmen. Das Büro fabrizierte einen anonymen Brief an die Adresse Kings, in dem es unter anderem hieß: »King, schau Dir ins Herz. Du weißt, daß Du ein hundertprozentiger Betrüger bist. Du bringst uns Neger alle in Verruf. Die Weißen hierzulande haben sicher auch jede Menge von Betrügern. Aber da gibt es unter Garantie keinen, der Dir im Augenblick das Wasser reichen könnte. Du bist kein Kirchenmann, und Du weißt es. Ich wiederhole, Du bist ein kolossaler Betrüger und Schuft und obendrein noch lasterhaft dazu. Offensichtlich glaubst Du an überhaupt keine moralischen Werte. King, wie allen Betrügern naht auch Dein Ende. Du hättest unser größter Führer sein können. Aber schon binnen kurzem hat sich herausgestellt, daß Du kein Führer bist, sondern ein ausschweifendes, abnormales, moralisch unzurechnungsfähiges Subjekt. Wir Neger sollten uns jetzt wieder besser auf unsere älteren Führer stützen. Mit Dir ist es jedenfalls aus. Deine Ehrentitel, Dein Nobelpreis (was für eine Tragikomödie!) und die anderen Auszeichnungen werden Dich nicht retten. King, ich wiederhole, es ist aus mit Dir. Es bleibt Dir nur noch eins übrig. Du weißt, was. Du hast genau 34 Tage Zeit dafür (die genaue Zahl ist aus einem spezifischen Grund gewählt, sie hat eine eindeutig praktische Bedeutung). Du bist erledigt. Es bleibt Dir nur noch ein Weg. Und den solltest Du besser gehen, bevor Dein dreckiger, abnormaler, betrügerischer Charakter vor der ganzen Nation bloßgestellt wird.« Soweit der Brief, dem die

Beamten ein Tonband beifügten, auf das man Mitschnitte von Kings sexuellen Aktivitäten zusammenmontiert hatte.
Band und Brief wurden am 21. November an Martin Luther King abgeschickt, eine unverhüllte Aufforderung zum Selbstmord. Das Päckchen traf im Büro der »Christlichen Führungskonferenz« ein, blieb jedoch unter der Flut von Posteingängen bis zum 5. Januar liegen. So reiste Martin also doch.
Er flog am 6. Dezember mit einer Begleitmannschaft von ungefähr dreißig Personen, der stärksten Nobelpreisdelegation, die man je in Skandinavien erlebt hatte, über London nach Oslo. Daddy King war ebenfalls dabei und erzählt: »Im Flugzeug betete ich, der Herr möge mich demütig bleiben lassen, mich, den Sohn eines armen Pächters und Vater eines Mannes, dem im Alter von 35 Jahren die höchste Ehre der Welt zuteil wurde. Gott hatte zweifellos auf Georgia geblickt und gesagt: Dort sind Leute, denen ich einen Auftrag geben will, und ich will sehen, wie gut sie ihn ausführen können.«
Der Festakt in Oslo gestaltete sich zu einem glanzvollen Ereignis. Martin, bei dem sich bis zu seiner Ermordung etwa 400 nationale und internationale Preise, Ehrungen und Auszeichnungen angesammelt hatten, schritt mit sicherer Eleganz über das Parkett. Gekleidet in Frack und gestreiften Hosen, geziert mit einer Ascot-Krawatte, verbeugte er sich vor den Würdenträgern und Ehrengästen im Auditorium der Universität und hielt seine Laureatenrede: »Eure Majestät, Eure königliche Hoheit, Herr Präsident, Exzellenzen, meine Damen und Herren! Ich nehme den Friedensnobelpreis zu einem Zeitpunkt entgegen, an dem 22 Millionen Neger in den USA in einen schöpferischen Kampf verwickelt sind, um die lange Nacht rassistischer Ungerechtigkeit zu beenden... Ich bin mir bewußt, daß schwächende und quälende Armut mein Volk plagt und es an der niedrigsten Stufe der wirtschaftlichen Leiter festkettet... Aber ich nehme heute diese Auszeichnung entgegen mit einem festen Glauben an Amerika und einem kühnen Glauben an die Zukunft der Menschheit... Ich weigere mich, die zynische Meinung zu übernehmen, eine Nation nach der andern müsse eine militaristische Stufenleiter hinabsteigen bis in die Hölle thermonuklearer Vernichtung. Ich glaube, daß unbewaffnete Wahrheit und

bedingungslose Liebe das letzte Wort in der Wirklichkeit haben werden... Ich glaube immer noch, daß wir überwinden werden.«
Wenn einst die Geschichte dieser Zeit geschrieben wird, schloß Martin Luther King seine Ansprache, dann wird man den vielen ungezählten, ungenannten »demütigen Kindern Gottes« Tribut zollen, deren Leiden um der Gerechtigkeit willen ein neues Zeitalter heraufführte, »ein schöneres Land, ein besseres Volk und eine edlere Kultur.«
Die Eurovision überträgt die Zeremonie in ganz Westeuropa. Nie zuvor hat sich die Jugend mit einem Preisträger so identifizieren können wie mit dem schwarzen Pastor von den roten Hügeln Georgias. In einer alptraumhaften Wirklichkeit wird ihr sein Traum zu einem neuen Hoffnungssymbol.
Zurück in Atlanta stößt Coretta auf das Päckchen des FBI. Sie hört in das Band hinein, entdeckt den Brief und ruft ihren Mann. Der engste Führungsstab der »Christlichen Führungskonferenz« ist versammelt, während das Tonband abläuft. Wir wissen nicht, wie Coretta auf die Enthüllungen reagierte, wissen nichts über die Reaktion von Ralph und die der anderen, auch nicht, was Martin nach dem ersten Schock sagte. Nichts davon ist an die Öffentlichkeit gedrungen. Über den Absender des anonymen Briefes wird es jedoch kein langes Rätselraten unter den Anwesenden gegeben haben. Von nun an lastete Hoovers Schatten auf allem, was Martin tat. Er mußte, wie einer seiner Freunde später äußerte, fortan mit dem Gefühl leben, »daß er sein Leben nicht mehr selbst bestimmen konnte«, mußte damit rechnen, daß jeder, mit dem er es im Weißen Haus oder bei Verhandlungen mit anderen Regierungsstellen zu tun bekam, über seine Unterwäsche Bescheid wußte.
»They are out to break me – die wollen mich kaputtmachen«, bemerkte er bitter. Aber kamen dem Pastor nicht auch Selbstvorwürfe? Ließen ihn die Anwürfe des Briefes ganz unberührt? Konnte er sich den Peinlichkeiten entziehen, die das Tonband herunterspulte? »Das ist allein eine Sache zwischen mir und Gott«, soll Martin bei ähnlicher Gelegenheit Freunden gegenüber geäußert haben. Das klingt, als habe er sich die Sache sehr einfach gemacht, doch eine solche Einschätzung täuscht. Der doppelte Martin war kein einfacher Mann.

Selma, eine knappe Autostunde westlich von Montgomery gelegen, wird im Frühjahr 1965 Schauplatz einer neuen Kampagne der »Christlichen Führungskonferenz«. Sie hat sich zum Ziel gesetzt, den Widerstand der Stadtverwaltung von Selma gegen das den Schwarzen garantierte Wahlrecht zu brechen. Martin bringt sich wiederholt in das Aktionsprogramm ein. Dabei unterläuft ihm eine ganze Reihe von Fehlern. Jedesmal, wenn die Konfrontation auf die Spitze treibt, traut er sich nicht, den letzten, entscheidenden Schritt zu tun. Er zaudert, macht Rückzieher und verwirrt seine Anhänger. Dennoch kommt es in Selma zu harten Auseinandersetzungen, bei denen die Polizei als neueste Waffe Elektroschlagstöcke gegen die Bürgerrechtler einsetzt. Bis Ende Februar hat der Sheriff 3400 Leute wegen ordnungswidrigen Verhaltens eingesperrt, darunter auch Martin Luther King.
Während der Selma-Aktion wird Malcolm X in Harlem, New York, von schwarzen Attentätern zusammengeschossen. Die Hintermänner blieben bis heute im dunkeln. 1964 war der militante Negerführer zum begeisternden Symbol für viele Schwarzamerikaner geworden, und in den Gettos des Nordens übertraf sein Einfluß den von Martin bei weitem. Malcolm X hielt nichts von dessen Integrationsrezept, nichts von Martins »amerikanischen Traum« und schon gar nichts von seiner Strategie der Gewaltlosigkeit.
In einer Rede vom 8. April 1964 erklärt Malcolm X: »Revolution basiert niemals darauf, daß man jemand um eine integrierte Tasse Kaffee bittet. Revolutionen können niemals erkämpft werden, indem man die andere Backe hinhält. Und Revolutionen basieren niemals auf ›Liebet eure Feinde und bittet für die, die euch beleidigen und verfolgen‹. Und Revolutionen werden auch nicht mit dem Absingen von ›We shall overcome‹ durchgeführt. Revolutionen basieren auf Blutvergießen. Revolutionen sind niemals Kompromisse; sie beruhen niemals auf irgendeiner Art von Geschenken; Revolutionen basieren erst recht nicht darauf, daß man darum bettelt, in eine korrupte Gesellschaft oder in ein korruptes System aufgenommen zu werden. Revolutionen stürzen Systeme.«
Martin Luther King scheint nur einmal, im März 1964, mit Malcolm X zusammengekommen zu sein. Doch zweieinhalb Wochen vor dem Harlem-Attentat versuchte Malcolm X den Pastor in Selma zu

erreichen. Martin befand sich zu dieser Zeit in Haft, und Malcolm X ließ ihm durch Coretta ausrichten: »Sag Dr. King, daß ich eigentlich vorhatte, ihn im Gefängnis zu besuchen. Ich möchte, daß er weiß, ich habe ihm hier in Selma den Job nicht schwerer machen wollen. Ich bin eigentlich gekommen zu helfen. Denn wenn die Weißen sehen, was die Alternative ist, werden sie vielleicht eher bereit sein, auf Dr. King zu hören.«

Auf den ersten Blick scheinen die Unterschiede zwischen Martin Luther King und dem militanten Führer der Schwarzamerikaner unüberbrückbar. Kings Traum war der »Tisch der Brüderlichkeit«; er beanspruchte für sein Volk einen gerechten Anteil an den Fleischtöpfen Ägyptens. Malcolm X, die »Black Muslims« und die spätere »Black Power«-Bewegung lehnten jedwedes Integrationskonzept ab und forderten die politische Autonomie der Schwarzamerikaner. Obwohl sich die Zielvorstellungen widersprachen, arbeiteten doch beide Flügel der Bürgerrechtsbewegung sich gegenseitig in die Hände. Die schwarze Militanz gab den gemäßigteren Negerführern die Möglichkeit, ihre Forderungen mit entsprechendem Nachdruck vorzutragen, und umgekehrt verschafften Martin Luther King, die gewaltfreien Studenten und die NAACP den Interessen der schwarzen Bevölkerung jene breite Öffentlichkeit, aus der wiederum die Radikalen Nutzen zogen. Coretta hatte für dieses wechselseitige Spiel der Kräfte vermutlich einen schärferen Blick als Martin. »Der Tod von Malcom X erschütterte mich tief«, notierte sie. »Vielleicht lag es daran, daß ich ihn gerade kennengelernt hatte, vielleich auch, weil ich begonnen hatte, ihn besser zu verstehen.«

Im Februar und März spitzt sich die Situation in Selma weiter zu. Als Protest gegen Rechtsbeugung und Polizeibrutalität organisiert die »Christliche Führungskonferenz« einen Marschzug nach Montgomery, um bei Gouverneur Wallace Beschwerde einzulegen. Die Nationalgarde von Alabama sperrt die Pettusbrücke über dem Alabamafluß am Ortsausgang und fällt ohne Vorwarnung mit Berittenen, Knüppeln und Tränengas über die entsetzten Teilnehmer her. Präsident Johnson, der die Bilder im Fernsehen sieht, ruft erregt: »Mein Gott, das sind doch Menschen, auf denen die rumprügeln!«

Weiße Nonnen, Rabbiner, weiße Studentinnen und Studenten sind unter den Verletzten. Abends werden James Reeb, ein weißer Pastor, und seine Begleiter beim Verlassen eines Farbigenlokals von Ku-Klux-Klan-Männern überfallen. Sie pöbeln die Wehrlosen an: »Weiße Nigger, wo habt ihr euren Hammer und Sichel!« Reeb wird der Kopf eingeschlagen, zwei Tage darauf stirbt er in der Klinik.

Inzwischen ist auch Martin wieder in Selma und ruft zu einem neuen Marschzug nach Montgomery auf. Die nationale und internationale Presse strömt in die Stadt. Alle Hotels sind ausgebucht. Martin Luther King wird eine gerichtliche Verfügung des Bundes ausgehändigt. Sie untersagt den Demonstranten die Benutzung der U 80, die nach Montgomery führt. Martin stellt sich an die Spitze des Zuges und ruft: »Wir haben das Recht, auf den Highways zu marschieren, und wir haben das Recht, nach Montgomery zu gehen, wenn wir bis dahin kommen. Ich habe keine Alternative. Ich werde den Marsch von hier aus bis zum Regierungssitz führen. Meine Entscheidung ist getroffen. Ich muß gehen. Ich weiß nicht, was vor uns liegt. Vielleicht Schläge, Verhaftungen und Tränengas. Aber ich sterbe eher auf dem Highway, als daß ich mein Gewissen abschlachte. Ich fordere euch auf, kommt mit!«

Das waren starke Worte. Und dabei blieb es auch. Denn beim »bluff«, dem hohen Steilufer an der Pettusbrücke, ruft King die Marschierer zu einer Gebetsminute auf und läßt den Zug angesichts der bis an die Zähne bewaffneten Nationalgardisten abdrehen. Man singt »We shall overcome« und »Ich laß mir nichts gefallen« und kehrt in die Stadt zurück. Martin hat es wieder nicht bis zum Äußersten kommen lassen.

Die Studenten sind wütend, die übrigen Marschteilnehmer verwirrt, verärgert, und die Kameraleute zucken die Schultern und meinen: King ist nicht mehr, was er mal war.

Nach zwölf Tagen gelingt es Martin Luther King, in Washington eine Marschgenehmigung zu erwirken. Zum drittenmal setzen sich die Demonstranten in Bewegung. Diesmal schwingen sie Sternenbanner, singen die Nationalhymne, werden von Hubschraubern begleitet und finden alle zehn Kilometer ein Versorgungszelt mit Verpflegung und ärztlicher Ambulanz vor. Nach drei Tagen hat der

Zug die zweiundsiebzig Kilometer hinter sich gebracht und trifft in Montgomery ein. Vor 25000 Kundgebungsteilnehmern verliest Martin die Protestresolution der Marschierer. Er kommt nicht dazu, sie dem Regierungschef von Alabama, George Wallace, persönlich zu übergeben. Wallace, der seine Wahl mit dem Slogan gewonnen hat: »Segregation heute, Segregation morgen, Segregation für immer«, ist in Amtsgeschäften unterwegs.
Nach Beendigung der Kundgebung organisieren sich Mitfahrgemeinschaften und bringen die Teilnehmer nach Selma zurück. In ihrem Wagen wird Viola Liuzzo, eine weiße Frau, von einem vorbeifahrenden Auto aus erschossen. Sie hatte einen schwarzen Jungen auf dem Beifahrersitz neben sich.
Martin Luther King verläßt mit einem halben Sieg Selma als geschlagener Mann. Wie es nach seinem erzwungenen Rückzieher beim »bluff« weitergeht, kann er sich ausrechnen. Er wird immer wieder Wohlverhalten beweisen müssen, will er nicht riskieren, daß Washington ihn in aller Öffentlichkeit moralisch enttarnt. Damit aber ist seiner Konfrontationsstrategie die Spitze genommen.

1965–1966
Vietnam und Chicago-Slums

»Die Bomben von Vietnam explodieren bei uns zu Hause.«

Es folgen hektische Monate, in denen Martin versucht, wieder Boden unter den Füßen zu finden. Doch er tritt auf der Stelle. Für ein halbes Jahr verschwindet er aus den Schlagzeilen. Dann tritt er die Flucht nach vorn an. Martin Luther King, der Friedensnobelpreisträger, bricht das Schweigen der Nation über Vietnam und attackiert öffentlich die amerikanische Südostasienpolitik. Coretta, seit ihrer Studienzeit in der Frauenbewegung für den Frieden engagiert, unterstützt ihn nachdrücklich. Daddy King ist entgeistert. Er denkt national und versteht seinen Sohn nicht mehr. Selbst die »Christliche Führungskonferenz« zögert, und auch die militanten Negerführer bleiben auf Distanz. Allein die versprengten Reste der Studentenbewegung solidarisieren sich mit ihm. Sie rufen zur Wehrdienstverweigerung auf: »Kein Neger aus Mississippi soll in Vietnam für die Freiheit der Weißen kämpfen, ehe nicht alle Neger in Mississippi frei sind.«
Vorerst steht Martin Luther King mit seiner Forderung nach Verhandlungen, »selbst mit dem Vietcong«, ziemlich allein. Das konnte ihn kaum überraschen. Gerade die Schwarzamerikaner waren geradezu ängstlich darauf bedacht, sich der Nation als gute Patrioten zu empfehlen. In ihren Augen grenzten Martins Äußerungen fast an Landesverrat, und jedenfalls, so meinte die Mehrheit, werde er mit seiner Anti-Kriegs-Kampagne den Schwarzen und der Bürgerrechtsbewegung nur schaden. Man hält ihm vor, er sei doch ein Laie auf dem Gebiet der Außenpolitik und solle sich nicht anmaßen, es besser wissen zu wollen als die Regierung.
Aber das Argument kommt bei Martin nicht an. Er antwortet seinen Kritikern als Theologe: »Ich bin sehr wohl imstande, die schlichte Wahrheit zu erkennen, daß es eine Sünde ist, wenn Kinder Gottes die anderen Kinder Gottes brutal zugrunde richten.« Wie er als Sprecher der Schwarzen die Farbgrenze überschritten hatte, setzte er sich jetzt über die Schranken nationalen Denkens hinweg

und war nicht bereit, auch nur einen Schritt wieder dahinter zurückzugehen.
Die Preisgabe des ethnozentrischen Nationalgefühls, das die eigene Nation als Mittelpunkt und zugleich als anderen Völkern überlegen ansieht, bedeutete für Martin Luther King ein schmerzliches Abschiednehmen vom amerikanischen Traum. Keine andere Nation der modernen Geschichte hatte sich die Parole der französischen Revolution so gründlich zu eigen gemacht wie die Vereinigten Staaten: »Man muß mit der Menschheit von vorn beginnen.« Seit ihren Gründungsjahren sehen sich die USA zur globalen moralischen Führungsmacht erwählt. Washington, ihr erster Präsident von 1787 bis 1797, befand, die Idee von Freiheit und Volkssouveränität sei »den Händen des amerikanischen Volkes zur tiefsten und endgültigen Bewährung« anvertraut. Der spätere Präsident Jackson sagte 1818 den Aufstieg der USA »von der jüngsten und schwächsten zur mächtigsten Nation des Universums« voraus. Präsident Lincolns Äußerung von 1861, die Vereinigten Staaten seien »die letzte große Hoffnung der Erde«, inspirierte die Dichterin Emma Lazarus zu dem Vers, der in den Sockel der Freiheitsstatue eingemeißelt ist: »Gebt mir eure Müden, eure Armen, eure bedrängten Massen, die danach streben, frei zu atmen.«
Selbst ein Mann wie Al Capone, der berühmt-berüchtigte Mafioso der zwanziger Jahre, pries den amerikanischen Traum vom Land der unbegrenzten Möglichkeiten: »Unser amerikanisches System, ob Amerikanismus, Kapitalismus oder sonstwie genannt, gibt jedem einzelnen von uns eine große Chance. Man muß nur mit beiden Händen danach greifen und sie zum Besten nutzen.«
Die französische Zeitung *Le Monde* definierte 1983 das Glaubensbekenntnis der USA mit dem lapidaren Satz: »Die Religion Amerikas ist Amerika selbst.«
Martin Luther King war 1965, nach einem Jahrzehnt Auseinandersetzung mit dem System, aus der amerikanischen Konfession ausgetreten. In seiner berühmten Rede in der Riverside-Church, New York, kommt er – auf den Tag genau ein Jahr vor seiner Ermordung – zu dem Ergebnis: »Unser Volk muß eine radikale Revolution seiner Werte vornehmen.«
Das hatten vor ihm schon viele gesagt, Martin aber zielte auf den

amerikanischen Erwählungsmythos, der den Weltfrieden bedrohe, sprach von einer »schrecklichen Allianz von Rassenwahn, Materialismus und Militarismus« als Konsequenz eines Systems, das »Profitstreben und Eigentumsrecht für wichtiger hält als die Menschen.« Hoover hatte recht bekommen: King war zu einer Gefahr für Amerika geworden.
Im Jahr 1965, das für Martin Luther King zum Wendepunkt wurde, steigerte sich der US-Militäreinsatz in Vietnam zu neuen Dimensionen. Vietcong-Verbände griffen den amerikanischen Militärstützpunkt Pleiku an und töteten acht Soldaten. Berater bestürmten den Präsidenten: »Wir müssen unsere Boys schützen!«
Johnson überlegte laut: »Wenn ich jetzt nicht zuschlage und man beweist mir später, daß ich hätte zuschlagen müssen, dann fällt der ganze Kongreß über mich her. Über mein Bürgerrechtsgesetz oder das Schulförderungsgesetz werden sie dann nicht reden. No, Sir, die werden mir jedesmal Vietnam in den Arsch schieben. Vietnam, Vietnam. Direkt in den Arsch.«
Der Vergeltungsschlag »Rollender Donner« lief an, der unerklärte Luftkrieg gegen die Volksrepublik jenseits des 17. Breitengrads. In Wahrheit hatte das Pentagon schon lange auf einen Anlaß zur massiven Bombardierung von Nordvietnam hingearbeitet und versucht, die Volksrepublik zu provozieren, »solche Aktionen zu unternehmen, die dann mit einer systematischen US-Bomben-Attacke würden beantwortet werden können«.
Die Präsenz der US-Streitkräfte wird auf 184000 Soldaten erhöht. 1965 ist man sich im Pentagon sicher: »In sechs Wochen sind die Nordvietnamesen am Ende.«
Wie recht Martin hatte, als er von einer brutalen Kriegsführung sprach, kam 1968 der Öffentlichkeit schockartig zu Bewußtsein, als ein Reporter den Überfall von US-Soldaten auf das unbewaffnete Dorf My Lai mit Fotos belegte. Die Bilder zeigen GIs, die Dorfbewohner aus ihren Hütten treiben, Männer, Kinder, Frauen mit ihren Babys beiseite führen und abschießen, einen Offizier, der einem alten Mann den Gewehrkolben ins Gesicht stößt.
Der Einsatzleiter, Oberleutnant Calley (24), mußte sich drei Jahre darauf vor dem Kriegsgericht verantworten. Er wurde beschuldigt, so die Anklageschrift, den Tod von einhundertzwei »orientalischen

menschlichen Wesen« verursacht zu haben. Calley: »Ich dachte, ich bin der große Amerikaner aus Übersee. Ich werde es diesen Leuten geben.«
Das Gericht befand nach viereinhalbmonatiger Prozeßdauer Calley für schuldig und verfügte als Strafe »lebenslängliche Zwangsarbeit«. Nixon, der Nachfolger Präsident Johnsons, verkürzte das Strafmaß auf zehn Jahre und begnadigte den Oberleutnant nach drei Jahren wegen guter Führung.
Johnson, der eigentlich als Friedenspräsident in die Geschichte hatte eingehen wollen, rechtfertigte sich in seiner Selbstbiographie, jeder habe ihn bedrängt, er dürfe die Demokratie Vietnams nicht den Kommunisten ausliefern. »Jede Nacht, sobald ich einschlief, sah ich mich in einem großen weiten Raum gefesselt am Boden liegen«, erinnerte sich Johnson. »Und in der Ferne hörte ich die Stimmen von Abertausenden von Leuten. Sie schrien und kamen auf mich zugerannt: ›Feigling! Verräter! Schwächling!‹ Sie kamen immer näher. Sie fingen an mit Steinen zu werfen.«
Amerika hätte Johnson 1965 tatsächlich gesteinigt, wenn er sich vom südostasiatischen Kriegsschauplatz zurückgezogen hätte. Erst mit My Lai begann man in der Öffentlichkeit umzudenken.
»My Lai hat uns gezwungen, den Krieg anders anzusehen als bisher, nämlich unter dem Gesichtspunkt von Kriegsverbrechen«, äußerte ein Diskussionsredner im Fernsehen. »Vor My Lai fanden solche Überlegungen nicht statt, außer in einem ganz kleinen Kreis.« Zu diesem »ganz kleinen Kreis«, einer moralischen Minderheit, gehörten Coretta und Martin.
Als sich die USA 1973 aus Vietnam zurückzogen, hatte der Krieg den Steuerzahlern 150 Milliarden Dollar gekostet. »Wir können uns beides leisten, Kanonen plus Butter«, äußerte Johnson Mitte 1965. In Wahrheit aber fehlte das Geld zu Hause, wo mindestens 20 Millionen Bürger unterhalb der offiziellen Armutsgrenze lebten. Im August 1965 brechen in Watts, dem Farbigenviertel von Los Angeles, die bisher größten Rassenunruhen der amerikanischen Geschichte aus. Fünf Tage toben Straßenkämpfe, halten Plünderungen und Brandstiftungen die Stadt in Atem. Feuer, »burn, baby, burn«, wird zum Schlachtruf der Gangs, die es dem verhaßten System zeigen wollen.

Watts hat eine Ausdehnung von fünf mal fünf Kilometern; tagelang traut sich die Polizei nicht, in den Straßendschungel einzudringen. Als Feuerwehr anrückt, werden die Wagen von Hausdächern aus unter Beschuß genommen. Der Einsatzleiter befiehlt den Rückzug: »Wenn sie den Slum abbrennen wollen, was sollen wir sie hindern?« Der Magistrat verhängt eine Ausgangssperre, die von den Bewohnern nicht eingehalten wird. Am vierten Tag rücken 13 000 Soldaten und 1000 Polizeibeamte unter dem Schutz von gepanzerten Fahrzeugen vor. Sie rollen wie bei einem militärischen Kommandounternehmen einen Straßenzug nach dem anderen auf. Nachdem die Ruhe wiederhergestellt ist, wirkt Watts wie eine ausgebrannte Geisterstadt. Hunger geht um. Die Behörden verteilen tonnenweise Lebensmittel. Die Bilanz der Unruhen wird aufgerechnet: Brandschäden 175 Millionen Dollar; Sachschäden 46 Millionen Dollar; Plünderungen 1 Million Dollar; 3598 Festnahmen, 883 Verwundete, 35 Tote.

Am letzten Tag der Unruhen trifft Martin Luther King mit zwei Begleitern in Watts ein. Sie stolpern über ein Ruinengrundstück, und Martin spricht ein paar Jugendliche an. »Ich bin Martin Luther King«, stellt er sich vor.

Die Jungen grinsen. »Wir haben gewonnen!« Martin deutet auf das Trümmergrundstück und fragt: »Wie könnt ihr von Gewinnen reden? Fünfunddreißig Neger sind tot, eure Stadt ist kaputt, und die Weißen benutzen den Krawall als Ausrede für ihr Nichtstun!«

Einer der Jungen spuckt aus. »Und doch haben wir gewonnen«, erklärt er. »Wir haben ihnen gezeigt, daß wir da sind.«

Martin und seine Begleiter sehen sich wortlos an. »Wir haben sie noch nie erreicht«, meint einer. »Wir sind mitverantwortlich. Wir haben uns im Süden jede Menge Arbeit gemacht, Wähler registrieren, Lokale integrieren, aber wir haben kein Programm für die jungen Leute hier.«

In einem Artikel für die *Saturday Review* gesteht Martin die Versäumnisse seiner Organisation ein. »Wir haben uns bisher zu ausschließlich auf die Probleme des Südens konzentriert«, schreibt er. Während der nächsten Wochen formen sich in seinem Kopf die Umrisse für ein neues Projekt. Martin hat die Herausforderung von Watts angenommen.

Sonntag, den 23. Januar 1966 berichten die US-Nachrichtenagenturen, daß der Friedensnobelpreisträger der Nation und Absolvent der Bostoner Universität, Dr. Martin Luther King, unter der Anschrift 1550 South Hamlin Avenue in Chicago eine Wohnung bezogen hat. In Chicago kennt man die Adresse. Die Wohnung liegt mitten im Lawndale Slum, unmittelbar gegenüber von der »blutigen 16. Straße«, in der sich Dealer, Hehler und Zuhälter die Türklinke in die Hand geben. Auf Fotos sieht man Martin und Coretta in Overalls Müll schaufeln. Am Baumwollhemd trägt der Pastor einen Button »Black is beautiful«.

»Unsere Wohnung befand sich im dritten Stock eines schäbigen Hauses, in dessen Eingang kein Licht brannte, nur eine trübe Glühbirne über der Treppe«, erinnert sich Coretta. »Die Haustür war nicht zu verschließen; sie stand immer offen. Als wir eintraten, bemerkte ich, daß der Boden nicht aus Beton, sondern aus nackter Erde war. Es stank gewaltig nach Urin.«

Die vier Kinder hatte das Ehepaar in Atlanta gelassen. Sie sollten im Sommer nachkommen, wenn es Schulferien gab.

Ein Teil des Stabs der SCLC hatte bereits vor King Quartier im Lawndale Slum bezogen. Die Wahl der Gettokampagne war auf Chicago gefallen, weil Jesse Jackson, einer der jüngsten Mitarbeiter Kings, in Lawndale bereits einen Fuß in der Tür hatte. Jesse Jackson, dem späteren Mitbewerber um das Präsidentenamt 1984, war es gelungen, die »Operation Brotkorb«, die Daddy King vor Jahren erfolgreich in Atlanta gestartet hatte, auf Chicago zu übertragen. Ziel der Brotkorbaktion war es, weiße Geschäfte, die überwiegend von schwarzer Kundschaft lebten, zu bewegen, schwarze Verkäufer, Kassierer und Fahrer einzustellen.

Der Operationsplan der »Christlichen Führungskonferenz« ging jedoch weit über punktuelle Arbeitsbeschaffungsmaßnahmen hinaus. Die Organisation von großräumigen Mieterschutzvereinigungen war einer der Schwerpunkte, mit der die SCLC in Chicago antrat, gleichzeitig wollte man durch intensive kommunale Aufklärungsarbeit die Slumbewohner mobilisieren, sich gegenüber der Stadt für die Verbesserung ihrer Lebensverhältnisse stark zu machen. Dazu gehörten umfassende Integrationsmaßnahmen, bessere finanzielle Ausstattung der Schulen, Ausbau des öffentlichen

Verkehrswesens, sozialer Wohnungsbau in einem mittelfristigen Volumen von 10000 Neubauwohnungen, schließlich die generelle Beseitigung des Elendsviertels. Es war ein Riesenvorhaben, und dem Stab der SCLC war klar, daß ihre Forderungen ans Rathaus nur durchzusetzen sein würden, wenn es Martin und seinen Mitarbeitern gelang, die deutliche Unterstützung der Bevölkerung zu gewinnen.

Aber genau hier lag das Problem. Die meisten Leute im Getto hatten sich damit abgefunden, von der städtischen Fürsorge zu leben. Sie waren die »unnützen Esser«, um die sich die Behörden letztendlich aber doch kümmern mußten, wollte die Stadt nicht Abertausende ihrer Bürger dem Hungertod preisgeben.

Lawndale wurde zu einer völlig neuen Erfahrung für Martins Stab. »Ich habe noch nie soviel Hoffnungslosigkeit erlebt«, bekannte einer seiner Leute. »Die Neger von Chicago leben in einem Gefühl von Ohnmacht, wie es mir noch nie begegnet ist. Mit Politik haben sie schlicht nichts im Sinn. Sie sind psychisch bankrott. Und bisher haben wir immer mit Menschen gearbeitet, die auch den Willen hatten, frei zu werden.«

So gesehen, war das Aktionsprogramm der SCLC viel zu hoch angesetzt. Die Ziele der »Christlichen Führungskonferenz« waren allein über eine geduldige, mehrjährige Schwerpunktarbeit zu realisieren. Die Jugendgangs, Roman Saints, Cobras und Vice Lords hatten in Lawndale mehr Gewicht als die SCLC mit ihrer ganzen Organisation.

Fotos aus Chicago zeigen Martin zwischen Tresen und Tischen, in Billardkneipen, auf Treppenstufen hockend, während er mit den Leuten diskutiert. Es gelingt ihm, Kontakte zu den Straßenbanden zu finden. Sie fühlen sich bald für seine Sicherheit verantwortlich und erklären dem Pastor: »Sie brauchen keinen Polizeischutz. Wir kümmern uns um Sie.«

Die Programme der SCLC begannen zögernd Gestalt anzunehmen. Die »Christliche Führungskonferenz« sah sich in Chicago unter Erfolgszwang. Der militante Flügel der Bürgerrechtsbewegung gewann immer mehr Anhänger unter den Aktivisten von Martins Bewegung. Der aber zweifelte nach wie vor daran, daß revolutionäre Gewalt unter den derzeitigen Verhältnissen in den Staaten

überhaupt eine Chance habe. Er hielt die Black Power-Leute für Illusionisten. »Sie begreifen einfach nicht, daß eine Revolution im Innern, die gewaltsam eine Regierung stürzen will, nur dann Erfolg haben kann, wenn die Regierenden bereits die Loyalität der Armee und die Kontrolle über sie verloren haben«, führte er vor Freunden aus. »Jeder, der seine fünf Sinne beisammen hat, kann sehen, daß genau dies in den Vereinigten Staaten nicht der Fall ist.«
Martins Überlegungen mochten zutreffen. Tatsache aber blieb, daß seine Philosophie der Gewaltlosigkeit nicht mehr den überwältigenden Rückhalt der früheren Jahre in der Bevölkerung fand. Um so wichtiger war es, in Chicago den Nachweis für die unveränderte Operationskraft seiner Strategie zu erbringen. King wollte hier beweisen, daß sie auch im Getto funktionierte.
Erste Erfolge konnte die »Chicagoer Freiheitsbewegung« mit ihren Mietstreiks verbuchen. Die Bewegung veranlaßte Bewohner einzelner Häuserblocks, Mietzahlungen an Haus- und Grundstückseigentümer einzustellen, die ihren Bauunterhaltungspflichten nicht nachkamen, und sie treuhänderisch der SCLC zu übereignen. Der Stab stellte von den einbehaltenen Geldern Arbeitslose an, um die fälligen Renovierungsarbeiten auszuführen.
Der Mietboykott erregte Aufsehen. Die Stadt reagierte und setzte fünfzehn Inspektoren ein, die den »Slumlords« auf die Finger sehen sollten. Vermieter, die ihre Verpflichtungen nicht erfüllten, sollten, so versprach die Stadt, künftig mit Bußgeldern belegt werden.
Die Kritik einiger Zeitungen, King stifte durch seine »revolutionären Taktiken« Bürger zu gesetzlosem Verhalten an, irritierte ihn nicht. Auf einer Kundgebung am Sonntag, dem 10. Juli rief er den Zehntausenden von Teilnehmern zu: »Heute müssen wir uns entschließen, nötigenfalls Chicagos Gefängnisse zu überfüllen, wenn wir mit den Slums Schluß machen wollen. Die Unterdrücker rücken mit der Freiheit nicht freiwillig heraus. Sie muß von den Unterdrückten gefordert werden.«
Die Kundgebung gipfelte in einem Marsch auf das Rathaus der Drei-Millionen-Stadt. Am Portal befestigte Martin eine Acht-Punkte-Resolution der Freiheitsbewegung. Dennoch war es der Bewegung nicht gelungen, wirklich die Massen zu mobilisieren. Bei

mehr als einer Million schwarzer Bürger, die Chicago zählte, war eine Beteiligung von ein paar zehntausend Demonstranten einfach nicht genug, um die Stadtbosse im Rathaus zu beeindrucken.
Bürgermeister Daley, der seit 1955 die »second town«, die zweitwichtigste Stadt der USA regierte, war Vollblutpolitiker. Er hatte Chicago das Prädikat eingebracht, »the city that works – die Stadt, die funktioniert«. Das galt freilich nicht für das »andere« Chicago, die »South Side« mit ihren kaputten, heruntergekommenen Slums. Da funktionierte nichts. Hier fanden die Erwachsenen keine Jobs, weil die Betriebe dichtmachten, hier klappte die Müllabfuhr nicht, hier lernten Kinder in armseligen Schulen, hier fehlte es an allem. In ganz Lawndale gab es beispielsweise kein Schwimmbad, es mangelte an öffentlichen Verkehrsmitteln, kommunalen Freizeiteinrichtungen, und selbst Polizeistreifen versahen an der »South Side« von Chicago eher nachlässig ihren Dienst. Aber Daley verstand es, die Neger ruhigzuhalten. Die örtlichen Farbigenführer waren von der Parteimaschine gekauft und verschafften ihm die Stimmen der schwarzen Bevölkerung. Bis zu seinem plötzlichen Herztod 1976 war er fünfmal mit überwältigender Mehrheit in seinem Amt wiedergewählt worden. Martin Luther Kings Drohung: »Unsere Voten müssen entscheiden, wer der nächste Bürgermeister von Chicago wird«, beunruhigte Daley nicht.
Nach der Kundgebung vom 10. Juli empfing Daley elf Sprecher der Freiheitsbewegung im Rathaus. Er gab sich höflich und zuvorkommend, blieb aber unverbindlich. Die Forderungen der Delegierten versprach er in den dafür zuständigen Gremien beraten zu lassen und präsentierte sich abschließend mit den schwarzen Verhandlungsführern den Pressefotografen.
In den nächsten Tagen spitzte die Situation sich zu. Spielende Kinder hatten in Lawndale unter der glühenden Smogglocke die Hydranten aufgedreht und setzten ganze Straßenzüge unter Wasser. Als die Polizei eingriff, wurden die Straßengangs aktiv und rückten zu Hunderten mit Steinen, Knüppeln und Benzinbomben an. Drei Tage lang herrschten bürgerkriegsähnliche Zustände in Lawndale. Martin versuchte zu vermitteln, lud die Gangs zu Verhandlungen in eine Kirche ein, intervenierte bei der Polizei und

brachte Tag und Nacht auf der Straße zu. Coretta und die Kinder bekamen ihn kaum noch zu Gesicht und ängstigten sich.
Daley machte öffentlich Kommunisten, Anarchisten und die »Chicagoer Freiheitsbewegung« für die blutigen Zwischenfälle verantwortlich. Nachdem im Getto wieder Ruhe eingekehrt war, lud er Martin Luther King zu einem Gespräch ein. Darin stellte er den Bau von Schwimmbädern für Lawndale in Aussicht und versicherte, daß die Planung unverzüglich in Angriff genommen werde. Bis dahin wolle die Stadt einzelne Hydranten mit Wassersprinklern ausstatten und das Aufsichtspersonal der städtischen Parkanlagen anweisen, schwarzen Kindern und Jugendlichen den Zugang zu den öffentlichen Freizeiteinrichtungen zu gewährleisten. »Wir hatten eine gute Aussprache«, meinte Martin nach der Konferenz. Aber das war Daleys Spezialität, sich in Kleinigkeiten großzügig zu zeigen, ohne im Großen auch nur im geringsten nachzugeben.
Im Juli und August 1966 führte die »Chicagoer Freiheitsbewegung« insgesamt zwölf Protestmärsche durch weiße Stadtviertel. Die Teilnehmerzahl stieg nie über 2000 Personen. Es ist immer wieder nur der harte Kern der Bewegung, der sich aktiv für die Öffnung der Gettos engagiert. Sie marschieren durch die Spaliere amerikanischer Nazis, die Hakenkreuzposter schwenken und »Niggers, haut ab« brüllen, Ku-Klux-Klan-Männer überschütten sie mit Wurfgeschossen. Martin wird am Kopf getroffen und stürzt zu Boden. Trotz allen Einsatzes gelingt es seinen Leuten nicht, einen nennenswerten Mobilisierungsgrad unter der Slumbevölkerung zu erreichen. Nach jedem Marsch bleibt ein bitterer Geschmack.
Zwischendurch fliegen Coretta und Martin ihre vier Kinder nach Atlanta zurück. »Sie wurden aufsässig oder benahmen sich manchmal regelrecht wieder kindisch«, erklärte er. »Mir wurde klar, daß die überfüllte Wohnung, in der wir lebten, einen Zustand heraufbeschwor, der drohte, meine eigene Familie auseinanderzubringen. Es war einfach zu heiß, zu beengt, und den Kindern fehlte eine sinnvolle Beschäftigung.« Bei seiner Rückkehr nach Chicago weiß Martin Luther King, daß seine Zeit dort abgelaufen ist.
Monatelang von der Stadt hingehalten, drohte die Bewegung mit einem Protestmarsch in den rassistischen weißen Vorort Cicero, um die Situation zu eskalieren. Das Stichwort Cicero schreckte Daley

auf. Hier hatte früher Al Capone, der berüchtigte Mafioso der zwanziger Jahre gelebt, und Cicero galt immer noch als Mafiahochburg. Der kleine Ort achtete auf sein lilienweißes Image. Naziführer Rockwell kündigte für den Fall, daß King und seine Leute in Cicero einmarschieren wollten, eine Gegendemonstration am Ort an. Daley, der bislang das Gefühl hatte, Herr der Situation zu sein, sah sich plötzlich einem unkalkulierbaren Risiko gegenüber. Er signalisierte Verhandlungsbereitschaft.

Man saß sich in riesiger Runde mit Vertretern aller möglichen Organisationen und den zuständigen Ressortchefs der Stadt gegenüber und verhandelte über den Maßnahmenkatalog der Bewegung zur Gettosanierung. Das Ergebnis war ein wortreiches Papier, das jedoch, genau besehen, aus reinen Absichtserklärungen der Stadt, der »Slumlords« und der weißen Geschäftswelt bestand. Termine zur Einlösung der Zusagen wurden nicht festgeschrieben. Trotzdem erklärte Martin Luther King das Verhandlungsergebnis als Sieg, und Daley sprach von einem »großen Tag« für Chicago.

Die jüngeren Mitarbeiter der »Chicagoer Freiheitsbewegung« sahen es anders. Sie waren verbittert und nannten die Vereinbarung einen Ausverkauf schwarzer Interessen. »Es ging doch um ganz einfache Dinge«, meinte einer. »Daß die Wohnungen jährlich einmal gestrichen werden, daß die Leute, die hier wohnen, auch an Ort und Stelle Arbeit kriegen. Die ganze Sache ist zum Heulen.«

Zorn und Verdruß unter den Jüngeren waren so überwältigend, daß sie den bereits gestrichenen Cicero-Marsch wieder aufs Programm setzten. 2700 Nationalgardisten und 700 Polizisten eskortierten die störrischen Marschierer. Der Zug geriet zu einem fast selbstmörderischen Unternehmen. Eine Nonne, von einem Eisensplitter getroffen, brach auf der Straße zusammen, weitere dreizehn der 205 Teilnehmer wurden schwer verletzt. Allein das Eingreifen der bewaffneten Eskorte verhütete Schlimmeres. Ein Hagel von Wurfgeschossen begleitete den Rückzug der Demonstranten.

Die Enttäuschung der jungen Leute war verständlich. Sie nannten den Pastor »Martin Loser«, den Verlierer, und bespöttelten ihn als Onkel Tom. Wie so oft bei Kings Aktionen waren die greifbaren Ergebnisse auch in Chicago bescheiden und, gemessen an dem Nachholbedarf von zweihundert Jahren Diskriminierung, eher von symbolischem Wert. Wichtiger, weil dauerhafter, war der Solidarisierungseffekt, den seine Aktionen einleiteten. Mit einemmal war da das Gefühl, daß die schwarze Kolonie zusammengehörte. Und das zahlte sich auf lange Sicht auch politisch aus. Nach Detroit, Washington, Los Angeles, Atlanta und Birmingham wählte 1983 auch Chicago, die Metropole mit einem Zweimilliardenhaushalt, ihren ersten schwarzen Bürgermeister, Harold Washington. Alle Farbigen, die heute in Parlamenten, Stadtverwaltungen und als Wahlbeamte politische Ämter bekleiden, haben Martin Luther King beerbt. Was er ihnen hinterließ, waren nicht seine Augenblickserfolge, sondern Zukunftsinvestitionen.

1967–1968
Marsch der Armen, Müllstreik in Memphis, Ermordung

»Die brutale Behandlung der Armen vor Augen, konnte ich nicht schweigen.«

Bertrand Russel, der englische Mathematiker und Friedenskämpfer, hat über Gandhi, Martins Vorbild, gesagt: »Indien hat aus Gandhi einen Heiligen gemacht und all seine Lehren ignoriert.« Ähnliches gilt für Martin Luther King. David L. Lewis, sein prominentester schwarzamerikanischer Biograph, urteilte zehn Jahre nach Martins Ermordung: »Martin Kings Heiligsprechung durch die Nation ist an einen Punkt gekommen, wo sie zur üblen Nachrede wird. Irgendwie suchen wir uns seiner zu erinnern, indem wir ihn vergessen.«
Europa wiederum hat den Negerpastor von der amerikanischen Medienindustrie gleich weichgespült serviert bekommen. Sie zeichnete in den Köpfen das Bild des sanften Reformers, der sich durch buddhagleiche Geduld zur Nachahmung empfahl. Dabei verabscheute Martin Luther King nichts so sehr wie die Politik der kleinen Schritte. Bereits in Birmingham sagte er: »Drei einfache Worte kennzeichnen die soziale Revolution, die wir Neger wirklich wollen. Es sind die Worte ALLES, JETZT und HIER.« Und nach Chicago faßte er seine Erfahrungen in der Feststellung zusammen: »Jahrelang war ich mit der Idee zuwege, die bestehenden gesellschaftlichen Institutionen zu reformieren, ein bißchen Änderung hier, eine kleine Veränderung da. Jetzt sehe ich das radikal anders. Heute bin ich mir im klaren, daß wir einen Umbau der gesamten Gesellschaft brauchen, eine Revolution unserer Zielvorstellungen.«
1967 wußte Martin Bescheid. Er hatte endlich seinen Gegner ausgemacht: Der trug keinen Namen wie Bull Connor, sondern war das System selbst.
Während des ganzen Jahres hielt ihn ein doppeltes Engagement in Atem: Die Zusammenarbeit mit der Friedensbewegung und die

Mobilisierungskampagne für seinen »Marsch der Armen«. Vietnam und die Gettos sind jetzt nicht mehr zwei Paar Schuhe für ihn, sondern das Produkt derselben Profitgesellschaft, die hier wie dort über Leichen geht.
Im März leitete Martin den ersten von ihm geführten Friedensmarsch durch Chicago. »Die Bomben von Vietnam explodieren bei uns zu Hause«, erklärte er auf der Schlußkundgebung. Die Haushaltsführung einer Nation, die nach Beendigung des Zweiten Weltkrieges 57 Prozent ihrer Ausgaben für militärische Zwecke und kümmerliche 6 Prozent für Soziales aufwandte, offenbarte die gigantische Fehlsteuerung des Gesamtsystems. Die Schlußfolgerung war für King klar: »Wir müssen das Engagement der Bürgerrechtsbewegung mit dem der Friedensbewegung vereinen.«
Am 4. April, genau ein Jahr vor dem Attentat, präsentierte Martin in der überfüllten Riverside-Church New Yorks seine Forderungen an die Regierung: Beendigung der Bombardierung von Nord- und Südvietnam; einseitige Erklärung eines Waffenstillstands, um ein vertrauensvolles Verhandlungsklima zu schaffen; Verminderung der amerikanischen Militärpräsenz in ganz Südostasien; Anerkennung der Nationalen Befreiungsbewegung Südvietnams als Verhandlungspartner; ein Abkommen über den Rückzug aller ausländischen Streitkräfte vom Kriegsschauplatz.
Die »Strategie der verbrannten Erde« verdammte er als Verbrechen an der wehrlosen Bevölkerung Vietnams: »Die Leute sehen, wie wir ihr Wasser vergiften, ihre Ernten vernichten. Sie weinen, wenn sie unsere Bulldozer durchs Gelände walzen sehen, die ihre kostbaren Bäume entwurzeln.«
Wieder bekräftigt er sein Recht, als Christ öffentlich Einspruch gegen die Regierungspolitik zu erheben. »Gewaltlosigkeit zu lehren, wäre doch schizophren für mich, wenn ich gleichzeitig den Gewaltverbrechen zustimmen wollte, die Abertausende von Menschen, Erwachsene und Kinder, verstümmeln. Ich halte es noch immer mit dem Prinzip: Du sollst nicht töten!«
Mitte April erscheinen die Sprecher der Friedensbewegung, unter ihnen Martin Luther King, an der Spitze von 150000 Demonstranten vor dem Gebäude der Vereinten Nationen in New York. Jugendliche verbrennen ihre Einberufungsbefehle, und Martin

überreicht Ralph Bunch, dem UNO-Delegierten der USA, eine Protestresolution, in der es heißt: »Wir sind vor der UNO versammelt, um die Grundsätze von Frieden, Gemeinschaft und Selbstbestimmung der Völker zu bekräftigen, die in der Charta der Vereinten Nationen niedergelegt und von der Menschheit angenommen sind, aber von den Vereinigten Staaten verletzt werden.«

Sein Engagement in der Friedensbewegung bringt King ins Sperrfeuer der Kritik. Freunde reden dem Pastor zu, die Schwarzen aus der Außenpolitik der Staaten herauszulassen, doch Martin erwidert: »Das Überleben der Welt ist keine Angelegenheit, die nur Weiße betrifft.«

Der NAACP-Vorstand spricht in einer einmütigen Stellungnahme King seine Mißbilligung aus. Die Spendeneingänge in die Kassen der »Christlichen Führungskonferenz« nehmen rapide ab. »Das ist mir egal«, meint Martin. »Ich bleibe bei meiner Botschaft.«

Die großen Massenblätter *Life, Newsweek, Reader's Digest* und *Washington Post* sprechen von Demagogie, Vaterlandsverrat und Kings Autoritätsverfall. »King saß da und weinte«, als er die Reaktion der Presse auf seine Riverside-Church-Rede las, erzählt einer seiner Mitarbeiter. Sein Name taucht nicht mehr unter den »zehn am meisten bewunderten Personen« der Gallup-Umfrage 1967 auf. Viele seiner alten Weggefährten verlassen ihn, einer nach dem anderen, die weißen Liberalen, Kirchenleute, selbst Freunde aus den Reihen der »Christlichen Führungskonferenz«.

Aber Martin hat einen neuen Freund gewonnen: Daddy King. Der Vater war anfangs überzeugt, daß sein Sohn einen unverzeihlichen Fehler begehe, wenn er sich mit der Friedensbewegung solidarisierte. Doch die Riverside-Predigt hatte den 68jährigen bekehrt. »Als Martin seine große Ansprache beendet hatte«, schreibt er in seinen Erinnerungen, »da wußte ich wie alle in der Kirche: Der Mann hat recht.«

Auch das FBI, das Martin Luther King vorübergehend aus den Augen gelassen hatte, wurde wieder aktiv. Es hielt den Präsidenten über Martins Anti-Kriegs-Initiativen auf dem laufenden. Seine Aktivitäten bewiesen, so Beamte des Büros, daß King auf der Suche nach neuen Gefolgsleuten jetzt gemeinsame Sache mit den Kommunisten mache; die Bürgerrechtsbewegung sei am Ende, und

King schaue sich nach einer finanziell einträglicheren Zukunft um. Eine persönliche Referentin Johnsons kommt nach Durchsicht der FBI-Vorlage zu dem Schluß: »Aufgrund von Kings neusten Aktivitäten und Verlautbarungen ist bewiesen, daß er ein Instrument in den Händen umstürzlerischer Kräfte ist, die unsere Nation zugrunde richten wollen.«
Mit Genehmigung des Weißen Hauses setzte das Büro sein berüchtigtes Gegenspionageprogramm auf schwarze Bürgerrechtsorganisationen an. Der Senatsausschuß, der 1975 Hoovers Praktiken gegen King untersuchte, bezeichnete das Gegenspionageprogramm des FBI als ein »rücksichtsloses, hartes und schmutziges Verfahren«. Geheimdienstliche Abwehrtechniken, die im Zweiten Weltkrieg gegen Feindmächte eingesetzt worden waren, kamen nun auf amerikanische Bürger zur Anwendung: Verdeckte Agenten hetzten Gruppen gegeneinander auf, produzierten irreführende Fehlinformationen, sabotierten Organisationspläne und diskreditierten das Ansehen von Sprechern der Bewegung.
King ist das prominenteste Opfer des Programms. Das Büro bemüht sich, ihn belastendes Intim-Material an die Öffentlichkeit zu bringen, doch die Presse spielt nicht mit. Die FBI-Informationen verschwinden in den Schubfächern der Redaktionen.
Die Operationen des Gegenspionageprogramms gegen Martin Luther King und andere Farbigenführer lassen sich heute nicht mehr im einzelnen rekonstruieren. Rückblickend jedoch drängt sich die Vermutung auf, daß die verdeckten Aktivitäten des Büros beträchtlich zur Aufsplitterung der Bürgerrechtsbewegung in rivalisierende und sich befehdende Gruppen vor und nach Kings Ermordung beigetragen haben.

Seit 1967 beschäftigt Martin eine Vision, die im Lauf des Jahres immer mehr Gestalt annimmt, sein »Marsch der Armen«. Die neue Aktion sollte alle Armen des Landes umfassen, nicht nur die Schwarzen, sondern ebenso Puertoricaner, Indianer, Mexikaner, und auch Weiße sollten mitbeteiligt sein, Landarbeiter, Saisonarbeiter, Müllmänner, Arbeitslose. »Wir werden der Regierung der reichsten Nation in der Geschichte der Menschheit die Probleme der Armen vors Haus legen«, kündigte er an.

Robert Kennedy sprach von vierzig Millionen unterversorgten, mangelhaft ernährten, hungernden US-Bürgern, und Martin Luther King zog daraus den Schluß: »Die ganze Struktur des amerikanischen Lebens muß geändert werden.« Auf einer Sitzung der »Christlichen Führungskonferenz« stellte er fest: »Dies ist kein Rassenkrieg, sondern ein Klassenkrieg.« Und er wiederholt es in aller Öffentlichkeit: »Es hat die Nation nichts gekostet, das Wahlrecht oder den Zugang zu öffentlichen Einrichtungen zu garantieren; aber jetzt geht es um Dinge, welche die Nation etwas kosten werden.«
Das war die Sprache eines beunruhigten Radikalen, der sich vorwarf, viel zu lange, viel zu oft geschwiegen zu haben.
In seiner Vision sah Martin in den gepflegten Grünanlagen der Hauptstadt Müllstädte entstehen, Hütten aus Blech, Kartons und losen Ziegeln, die Slums der Armen vor den Türen der Reichen. Hier würden sie hausen, tagelang, wochenlang, Jahre, wenn es sein müßte, und jeden Tag würden neue dazukommen. Sie würden die Gettos von Chicago, Detroit und Watts hinter sich anzünden und nach Washington marschieren, von Florida mit Maultiergespannen bis vors Weiße Haus karren, und niemand würde es wagen, sich ihnen in den Weg zu stellen. Für diese Vision begann er landauf, landab zu werben. Im Frühjahr 1968 sollte die Spitze des Zugs in der Bundeshauptstadt eintreffen und stellvertretend für vierzig Millionen US-Bürger vom Kongreß die Beseitigung der wirtschaftlichen Ungleichheit einklagen.
Martin wollte mit in der Müllstadt leben. In Montgomery hatte er die Grenzen seiner Rasse überschritten, seit Vietnam die Grenzen seiner Nation, zuletzt überwand er die Schranken seiner Klasse und marschierte mit den Armen.
Der »Poor People's March« war Martin Luther Kings ureigenste Idee, die er gegen den Widerstand in seinen eigenen Reihen durchsetzte. Den Busstreik von Montgomery hatten Frauen eingefädelt; die Initiative zu den Sit-ins ging auf die Schüler und Studenten zurück; in Birmingham hatte Fred Shuttlesworth vorgearbeitet; der Sternmarsch nach Washington war Corettas Einfall; die Freiheitsfahrten vom Sommer 1965 starteten als Gemeinschaftsunternehmen aller Bürgerrechtsorganisationen, und in Chicago

war Jesse Jackson als erster gewesen. Die Erfolge dieser und ungezählter anderer Aktionen sind ohne King nicht denkbar, aber er war nicht ihr Initiator. Erst jetzt steht Martin wirklich in eigenen Schuhen. Das Zauberwort »Integration« hatte für ihn den Glanz verloren, die Fleischtöpfe Ägyptens lockten ihn nicht mehr. Er integrierte sich statt dessen nach unten. »Die konstruktiven Erfolge von 1955 bis 1965 haben uns getäuscht«, bekannte er jetzt. »Amerika muß sich ändern.« Ohne einen völlig neuen Zuschnitt der Gesellschaft würde der »Tisch der Brüderlichkeit«, den seine Traum-Rede vor dem Lincoln Memorial beschworen hatte, ungedeckt bleiben.
Der Ausbruch neuer Unruhen bestätigte Martins Sicht. Im Sommer 1967 entlädt sich die Wut in den Gettos. Die Bomben Vietnams explodierten zu Hause: Newark, Detroit, New Jersey brannten. Es war ein Ausbruch von Gewalt, der jeden Vergleich hinter sich ließ. Nationalgardisten verfeuerten in vier Tagen 13326 Schuß Munition, 3400 Menschen wurden verwundet, 82 getötet, 18800 Personen verhaftet. Chicago kaufte drei gepanzerte Hubschrauber, Detroit 100 Spezialgewehre, deren Geschosse Mauern durchschlugen, Memphis bestellte 10 Schützenpanzer.
Ein schwarzer Parlamentarier warnte den Kongreß: »Die schwarze Bevölkerung ist bereit, jedes Risiko einzugehen.« Er verlangte ein umfassendes Sanierungsprogramm seitens der Regierung. Der Kongreß antwortete mit einem Anti-Aufruhr-Gesetz. Tags darauf wiesen die Abgeordneten mit deutlicher Mehrheit eine Vorlage ab, die 40 Millionen Dollar im Rahmen eines Zweijahresplans zur Bekämpfung von Ratten in den Slums vorsah. Martin Luther King kommentierte die Entscheidung mit der Feststellung: »Offensichtlich ist der Kongreß mehr gegen Neger als gegen Ratten.«
Ein verbittertes Parlament schaffte neue Verbitterung unter den Schwarzamerikanern. Sie fühlten sich von ihrer eigenen Nation verspottet, die täglich 67 Millionen Dollar in Vietnam verpulverte, aber ihre schwarzen Kinder den Ratten überließ.
»Was ist das für ein Kongreß, der Blut an den Händen hat«, fragte Martin Luther King die Öffentlichkeit, »und der über ein bescheidenes Gesetz zur Rattenbekämpfung lacht?« Was war da noch übrig von Lincolns Demokratie? Der »Marsch der Armen« mußte

Klarheit schaffen, ob Amerikas Volksvertreter überhaupt noch das Volk vertraten.
Mitte Oktober haben Ralph, Martin und Fred Shuttlesworth eine nachgetragene Demonstrationshaftstrafe in Birmingham zu verbüßen. Vielleicht rechneten sie bei der Gelegenheit nach, wie oft sie bereits hinter Gittern saßen. Bei Martin kommt eine Zahl von über zwanzig Gefängnisaufenthalten heraus. Er hat sich vorher mit Lektüre versorgt. Eine sozialwissenschaftliche Abhandlung, die Bibel und Styrons neuster Bestseller stecken in seinem Gepäck.
William Styrons Buch *Die Bekenntnisse des Nat Turner* erzählt die Lebensgeschichte des schwarzen, selbstgetauften Predigers, der 1831 einen der größten Rassenaufstände im Staat Virginia anführte. Nat Turners Beispiel zeigt, daß der willfährige, dankbare schwarze Sambo in Wahrheit ein Phantasieprodukt der Weißamerikaner war. Der schwarze Historiker Lerone Bennet jr. beschreibt, wie es sich wirklich verhielt: »Mit dem vielleicht härtesten Zwangssystem der Geschichte konfrontiert, haben die Sklaven jede nur mögliche Gelegenheit zum Widerstand genutzt, die sich ihnen bot. Sie erschlugen ihre Herrschaften im offenen Handgemenge. Sie vergifteten ganze Familien. Sie inszenierten mehr als zweihundert Revolten und Verschwörungen. Im offenen und versteckten Kampf, der die ganze Sklavenzeit andauerte, sabotierten sie unauffällig, gewitzt und gezielt von innen heraus das System. Durch ihren Widerstand, den langen Atem, ihre Ausdauer und die Beständigkeit, mit der sie standhielten, zusammenhielten, aushielten, lieferten sie eins der großen Beispiele der Menschheitsgeschichte für die Durchhaltekraft des menschlichen Geistes.«
Styrons Buch über den schwarzen Rebellen Nat Turner behauptete sich mehrere Wochen auf dem ersten Platz der Bestsellerliste und wurde mit dem begehrten Pulitzerpreis ausgezeichnet. Martin war fasziniert von der Lektüre. Das Aufregendste an dem Buch ist für ihn der Nachweis, daß die Schwarzamerikaner ihre eigene Geschichte haben. In seinen Schulbüchern stand davon noch nichts.
Es hatte sich viel verändert in den letzten zehn Jahren. Aber längst nicht genug.
Aus der Haft entlassen, begibt sich Martin nach Atlanta und stürzt

sich in hektische Aktivitäten. Er fliegt kreuz und quer über den Kontinent, marschiert auf Anti-Kriegs-Kundgebungen, sucht Unterstützung für seinen »Marsch der Armen«, diskutiert mit Black Power-Leuten und ist wieder unterwegs, gibt Interviews und erscheint als Gastredner bei einer Bürgerrechtsorganisation. Doch seit dem letzten Jahr richtet er es sich nach Möglichkeit ein, jede Woche zwei oder drei Tage zu Hause zu sein. Er braucht die heimelige Atmosphäre der Ebenezer-Kirche, ihm fehlen die Leute, unter denen er aufgewachsen ist und die sich noch an den kleinen Jungen erinnern, der auf dem Podest stand und sang: »Ich möchte immer mehr wie Jesus sein.« Martin macht Hausbesuche, betet mit Kranken, veranstaltet Kirchenausflüge mit Picknick, sitzt mit in den Arbeitsausschüssen, bricht sonntags Brot und schenkt Wein zum Abendmahl aus. Er weiß, daß er seine Gemeinde in den zurückliegenden Jahren vernachlässigt hat. Man sieht ihn nur noch selten lachen. Seine Schlaflosigkeit plagt ihn ärger denn je. Nur noch in den frühen Morgenstunden findet er zu Bett. »Mit vier Stunden Schlaf komme ich aus«, meint er wegwerfend. Doch es geht ihm nicht gut, und seine Freunde sind beunruhigt.

Noch einmal erreicht ihn eine besondere Ehrung. Martin Luther King wird gebeten, am 23. Februar 1968 anläßlich des 100. Geburtstags von W. E. DuBois in der Carnegie Hall in New York die Festansprache zu halten. Ehedem hat King dem schwarzen Geschichtsforscher, der mit 92 Jahren unter Protest seine US-Staatsbürgerschaft aufgab und nach Ghana auswanderte, eher reserviert gegenübergestanden. Doch in den letzten Jahren ist sein Verständnis für den zornigen alten Mann gewachsen, und jetzt in der Carnegie Hall verbeugt er sich tief vor dem Verstorbenen. »Wir können nicht von Dr. DuBois sprechen, ohne uns klarzumachen, daß er sein Leben lang ein Radikaler war«, erinnert Martin die Festversammlung. »Einige Leute würden gern übersehen, daß er in seinen späteren Jahren Kommunist war. Es verdient Beachtung, daß Abraham Lincoln die Unterstützung durch Karl Marx während des Bürgerkrieges wärmstens begrüßte und mit ihm in aller Freiheit korrespondierte. Es ist an der Zeit, daß wir aufhören zu verschweigen, daß Dr. DuBois ein Genie war und sich entschied, Kommunist zu sein. Unser irrationaler

Anti-Kommunismus, von dem wir besessen sind, hat uns zu oft in sumpfiges Gelände geführt.«
King würdigte dann die wissenschaftlichen Verdienste des schwarzen Gelehrten. Seine Studien zur Geschichte der Schwarzamerikaner, führt Martin aus, waren Pionierleistungen. Sie belegen, welchen bedeutenden Beitrag die Neger zur kulturellen und wirtschaftlichen Entwicklung der USA geleistet hatten, und zerstören damit den hartnäckig festgehaltenen Mythos von der »Minderwertigkeit der Schwarzen«. In diesem Zusammenhang, betont King, »wäre es wohl angemessen, das weiße Amerika an seine Verpflichtung gegenüber Dr. DuBois zu erinnern. Als sie die Geschichte der Neger verfälschten, verdrehten sie die Geschichte der USA, denn die Neger bilden einen zu großen Teil des Gebäudes dieser Nation, als daß sie aus ihr gestrichen werden könnten, ohne zugleich die wissenschaftliche Geschichtsschreibung zu zerstören. Das weiße Amerika, das ständig mit Lügen über Neger überschüttet wurde, hat zu lange in einem Nebel der Unwissenheit gelebt. Dr. DuBois gab ihm ein Geschenk der Wahrheit, für das es ihm ewig verpflichtet sein sollte.«
Martin beschwört am Ende seiner Ansprache die »alten Schlachtfelder« der Bewegung, spricht von der Vision eines neuen Aufbruchs und erhebt DuBois zum Schirmherrn des Poor People's March, der während der nächsten Wochen beginnen soll: »Dr. DuBois hat uns verlassen, aber er ist nicht tot. Der Geist der Freiheit ist nicht beerdigt im Grab des Tapferen. Er wird mit uns sein, wenn wir im April nach Washington gehen, um unser Recht auf Leben, Freiheit und das Streben nach Glück zu fordern.«
Martin Luther King erhält viel Beifall. Er hat eine mutige Rede gehalten und kein Blatt vor den Mund genommen. Das FBI interessiert ihn nicht mehr. »Ich habe mich entschlossen, völlig offen zu arbeiten«, meint er zu Freunden. »Wer mir etwas anhängen will, soll es versuchen.«
Während man in Carnegie Hall den Gelehrten DuBois ehrte, gingen 1500 Kilometer südwestlich von New York die Polizeistreitkräfte der Elvis Presley-Stadt Memphis mit chemischen Kampfmitteln und Schlagstöcken gegen streikende schwarze Müllarbeiter vor. Sie hatten von Bürgermeister Henry Loeb die Anerkennung

ihrer Gewerkschaft, Tarifverträge und die Einrichtung einer Schlichtungsstelle gefordert. Loeb lehnte ab. Die Arbeiter antworteten mit Streik, die Stadt erklärte den Streik für ungesetzlich und setzte Polizei ein. Negerpastoren und NAACP-Vertreter stärkten den Streikenden den Rücken, Boykotts gegen weiße Geschäfte wurden inszeniert, ein Sit-in im Rathaus fand statt, die Kirchen organisierten Protestversammlungen. Nach vier Wochen lenkte die Stadt noch immer nicht ein. Die Arbeiter resignierten, der Streik drohte zusammenzubrechen. Jetzt holte die NAACP Martin Luther King. Seine Anwesenheit sollte die Streikenden neu motivieren und ihrem Kampf um Anerkennung Öffentlichkeit verschaffen. Martin kam und sprach vor 15000 Leuten: »Ihr streikt für bessere Löhne, soziale Sicherheit, und ihr kämpft um das Recht, euch zu organisieren«, rief er der Kundgebung zu. »Genau das ist richtig. So gewinnt ihr Macht. Weicht keinen Schritt, bis alle eure Forderungen erfüllt sind. Wir müssen uns über die Klassengrenzen hinweg einig sein. Die wohlhabenden Neger müssen den Habenichts-Negern die Hand reichen. Unsere Gesellschaft muß lernen, Müllleute zu respektieren.«
Kings Ansprache gipfelte in einem Aufruf zum Generalstreik aller Schwarzen von Memphis. Eine neue Protestaktion wurde für Donnerstag, den 28. März angesetzt, und Martin Luther King versprach mitzumarschieren.
Mitarbeiter der »Christlichen Führungskonferenz« kamen in die Mississippi-Stadt, um die örtlichen Streik- und Bürgerrechtsgruppen zu unterstützen. Der Donnerstagmarsch wurde zu einem Fiasko. Der Zug war kaum drei Straßenecken weit gekommen, als Steine in Schaufenster flogen. Polizei griff ein, 280 Demonstranten wurden verhaftet, ein Jugendlicher starb an Schußverletzungen. 4000 Nationalgardisten rückten an, und über Memphis wurde eine nächtliche Ausgangssperre verhängt.
Martin war beim Ausbruch der Gewalttaten von seinen Leibwachen in ein Auto gezogen und in Sicherheit gebracht worden. Er war niedergeschlagen. Bisher war noch nie eine Aktion der SCLC außer Kontrolle geraten. Was für Schlagzeilen dieser Marsch bekommen würde, war vorauszusehen. Und ausgerechnet vor dem »Marsch der Armen« mußte das passieren. Leute vom Stab waren

sicher, daß Provokateure in den Zug eingeschleust worden waren. Martin hörte kaum zu. Er stand unter Schock. Schließlich meinte er zu Ralph: »Vielleicht müssen wir uns einfach eingestehen, daß jetzt Gewalt das Sagen hat. Vielleicht müssen wir aufgeben und der Gewalt ihren Lauf lassen.«

Ralph berichtete später: »Es war eine unbeschreiblich unruhige Nacht. Es war eine fürchterliche und schreckliche Erfahrung für ihn. Mein Leben lang habe ich ihn noch nicht so aufgeregt und beunruhigt gesehen. Ich kriegte ihn in dieser Nacht nicht zum Schlafen.«

Am nächsten Tag stellte Martin Luther King sich der Presse. Die Konferenz wurde zu einer Zerreißprobe. Aber King war ein hartnäckiger Mann. Er war am Boden, doch auszählen ließ er sich nicht. Er nannte einen neuen Marschtermin: Montag, den 8. April. »Inzwischen werde ich mich selbst um die schwarze Bevölkerung von Memphis kümmern«, erklärte er den Reportern. Aber wie immer hatte er noch laufende Terminverpflichtungen zu regeln. Abends flog er mit Ralph nach Atlanta zurück.

Zu später Stunde erschien Präsident Johnson auf dem Bildschirm, um zu den Ereignissen in Memphis Stellung zu nehmen. Er griff King nicht persönlich an, sprach aber von einem »Ausbruch sinnloser Gewalt«. Die Einschätzung des FBI zu dem Fiasko war eindeutig: »Im Blick auf die jüngsten Vorfälle in Memphis, Tennessee, wo King einen Marsch führte, der im Aufruhr endete, muß logischerweise damit gerechnet werden, daß sich dasselbe auch ereignen könnte, wenn King im Lauf des Monats seinen Marsch der Armen nach Washington bringt.«

Nicht anders sah es auch die Presse. Der »Marsch der Armen« war kriminalisiert, noch bevor er begann.

Mittwoch, den 3. April war King zurück in Memphis, sechs Tage vor dem zweiten Marschtermin. Besprechungen, Termine, Beratungen mit den Anwälten der SCLC, Treffs mit jugendlichen Marschteilnehmern hielten Martin den ganzen Tag in Atem. Abends sollte eine Kundgebung in der Mason-Kirche stattfinden. Aber Martin war zu müde. Er wollte im Hotel bleiben und an seiner Sonntagspredigt arbeiten, der er den Titel geben wollte: »Why America may go to hell – warum Amerika zur Hölle gehen kann«.

Nach einer halben Stunde rief Ralph an. Martin möge doch kommen. Die Mason-Kirche sei bis auf den letzten Platz gefüllt, und die Leute wollten nicht ihn, sondern Martin Luther King hören. Martin stapfte durch die regnerische Dunkelheit. Er sprach vor 2000 Zuhörern, spontan, unvorbereitet, bis ans Ende sachlich. Dann aber berichtete er davon, wie am Morgen seine Maschine auf dem Flughafen von Atlanta nach Bomben durchsucht worden war. »›Wir hatten das Flugzeug die ganze Nacht bewacht‹, sagte der Pilot. ›Aber wir wollten ganz sicher gehen.‹«
Beim Erzählen verfiel Martin Luther King mehr und mehr in seinen Südstaaten-Predigtstil, die Worte kamen ungerufen, die Zuhörer reagierten mit lautem »Yeah« und »Amen«, klatschten und rissen den Pastor mit sich.
»Ich weiß nicht, was jetzt kommt«, rief Martin in die Menge. »Aber es kommt mir auch nicht darauf an. Ich war auf der Höhe des Berges. Ich bin ohne Sorge. Ich würde gern lang leben, so wie jeder. Ein langes Leben ist eine gute Sache. Doch das alles kümmert mich jetzt nicht. Ich will jetzt einfach Gottes Willen tun. Er hat mir erlaubt, auf den Berg zu kommen. Ich habe drüben die andere Seite gesehen. Ich habe das Gelobte Land gesehen.«
Jetzt war Soul Power da, das »Whooping«, wie Coretta das nannte. »Möglich, daß ich nicht mit euch dahin kommen kann«, fuhr King mit erhobener Stimme fort, so laut, als stünde er wie Mose auf dem Berg, um ins Land der Verheißung zu schauen, das er selbst nicht mehr betreten sollte. »Aber das sollt ihr jetzt, heute abend wissen: Zusammen, als Volk werden wir das Gelobte Land betreten. Darum bin ich heute glücklich. Nein, ich mache mir um nichts mehr Sorgen. Ich fürchte keinen Menschen. ›Meine Augen haben Gottes Kommen, seine Herrlichkeit gesehen‹...« Der Rest ging in brausenden Zurufen unter.
Der Schluß war ein emotionaler Ausbruch, aber eben doch Predigt geblieben, Wort für Wort aufgeheizt mit baptistischer Spiritualität. Sie war die Dimension, in der Martin Luther King beheimatet war und bis zuletzt gelebt hatte.
Im Lorraine-Hotel, dem Quartier der SCLC, war inzwischen Alfred-Daniel mit Freunden aus Louisville eingetroffen. Die Brüder saßen beisammen, bis es draußen hell wurde. King legte sich

gegen sechs Uhr in seinem Zimmer schlafen und stand um die Mittagszeit wieder auf. Am frühen Nachmittag fand eine Mitarbeiterbesprechung statt, dann waren sie bei dem Pastorenehepaar Kyles zum Essen eingeladen. Im Anschluß daran wollten sich alle bei der Abendkundgebung treffen.
King trödelte. Er fragte Jesse Jackson, der wie immer im Rollkragenpulli erschienen war, ob er keine Krawatte anziehen wolle. »Nein«, sagte Jesse und lachte. »Ich denke nicht, daß ich mit einem Strick um den Hals besser essen kann.«
Martin warf sich unterdessen in Schale. »Wir wollen aber keine Filets Mignon vorgesetzt bekommen«, sagte er und fragte Kyles, ob seine Frau auch richtiges Soul Food kochen könne.
»Ja, doch«, bestätigte Kyles, der wie auf glühenden Kohlen stand, weil seine Frau schon mit dem Essen wartete. »Es gibt Grünzeug mit Erbsen und Schweinsohren.«
Inzwischen ging es auf sechs Uhr zu. »Das Hemd ist zu eng«, beschwerte sich King.
»Du wirst zu fett«, sagte Ralph. »Das Hemd habe ich dir extra gewaschen.«
King fand ein anderes Hemd. Jetzt suchte er nach seiner Krawatte. »Jemand hat sie gestohlen«, behauptete er.
»Warum guckst du nicht auf den Stuhl vor dir«, fragte Ralph.
King zuckte die Schultern und trödelte weiter, band sorgfältig die schwarz-gold gestreifte Krawatte zum Knoten und trat auf den Balkon hinaus. Unten warteten schon die anderen.
Jesse rief hinauf: »Kennst du Ben? Er macht die Musik heute abend.«
King nickte und rief hinunter: »Ben, du mußt auf jeden Fall singen ›Gracious Lord, take my hand‹, und sing es schön.«
Die schwerkalibrige Kugel warf ihn mit einem Schlag um. Sie traf King einen halben Zentimeter rechts unter der Lippe, zerschmetterte sein Kinn, blieb in den Halswirbeln stecken und zerriß das Rückenmark. Der Tod muß augenblicklich eingetreten sein.
Über den Attentäter, ob es nun James Earl Ray war oder nicht, ist kein Wort zu verlieren. Martin hat immer gewußt, daß er so enden mußte. Der Täter war Zufall.
Auch die Beerdigung in Atlanta, weltweit auf dem elektronischen

Markt verhökert, vergißt man besser. Sie war eine sechsstündige Dauerstrapaze. »Sollte jemand von euch dabei sein, wenn meine Stunde gekommen ist, dann wißt, daß ich keine lange Beerdigung möchte«, hatte Martin acht Wochen zuvor in Ebenezer gesagt. Aber das weiße Amerika war schon dabei, den Toten zu vereinnahmen, und richtete dem sperrigen schwarzen Mann eine weiße Beerdigung an mit Filets Mignon statt Soul Food. Es war ein Abschied ohne Whooping und »Preist den Herrn«, ein Totengeleit, ohne daß Soul Power die illustren Gäste überkam. Allein Ralph sorgte dafür, daß King bei seiner Beerdigung nicht ganz vergessen wurde. Er lud Martins Sarg auf einen Maultierkarren, dem Gefährt der Armen, und brachte ihn damit zum Grab.

Inzwischen explodierten die Gettos. Harlem, Washington, Baltimore, Chicago. Die Regierung setzte 58000 Soldaten in Bewegung. Sie verhafteten 27000 Personen, 3500 Menschen wurden verletzt, 43 getötet, und es entstand ein Gesamtschaden von 58 Millionen Dollar.

»Die Kugel des Mörders, die Martin Luther King niederstreckte, hatte zur Folge, daß eine Tür ins Schloß fiel, die nach Ansicht der Mehrheit der schwarzen Bevölkerung schon seit langem versperrt schien«, notierte der Negerschriftsteller Elridge Cleaver auf dem Höhepunkt der Aufstände. »Vielen von uns war klar, daß jene Tür im Grunde niemals offen war.«

Ein Jahr darauf ist Ralph noch einmal mit seinem Maultierkarren unterwegs. 150 Schwarze begleiten ihn, der letzte versprengte Rest vom »Marsch der Armen«, der in einem jämmerlichen Fiasko endete.

In Cap Canaveral steht Apollo 11, das Zwanzig-Milliarden-Dollar-Produkt, am Start, und Präsident Nixon sagt: »Dies ist die größte Woche in der Geschichte der Welt seit ihrer Erschaffung.«

Ralph Abernathy ist seinem Freund im Vorsitz der SCLC gefolgt und weiß, daß King heute auch hier wäre, um stellvertretend für die 40 Millionen Armen die zwanzig Milliarden Dollar Diebesgut am Volk einzuklagen.

NASA-Verwaltungschef Tom Paine empfängt die Delegation.

Er rät dem Pastor: »Hängt euren Karren an unsere Rakete und berichtet den Leuten, daß das NASA-Programm ein Beispiel gibt, was dieses Land fertigbringen kann.« Er lacht nicht, hat es auch nicht spöttisch gemeint, sondern ganz ernst.

Montag, 20. Januar 1986

»Ich habe mir schon so viele gerichtliche Einsprüche eingehandelt, daß ich sie mir erst gar nicht mehr ansehe. Ich bin bereits straffällig geworden, als ich am 15. Januar 1929 in den Vereinigten Staaten als Neger zur Welt kam«, spöttelte der Bürgerrechtspastor 1963 anläßlich eines Demonstrationsverbots.

Zwanzig Jahre später erklärte der Kongreß den Geburtstag Martin Luther Kings zum Nationalfeiertag der Staaten. Nach George Washington, dem Unabhängigkeitspräsidenten, ist King der zweite Bürger, dem der Kongreß diese Ehre erweist. Ab 1986 werden jedes Jahr am dritten Montag im Januar zur Feier seines Geburtstags die Fahnen wehen, öffentliche Einrichtungen bleiben geschlossen, und die Medien werden Martin Luther Kings Verdienste um die Nation würdigen.

Die Vorlage hatte den Kongreß fünfzehn Jahre lang beschäftigt, war in seinen Ausschüssen diskutiert, von beiden Häusern verhandelt, verschleppt und schließlich dann doch auf den Weg gebracht worden. Noch vor der Schlußabstimmung präsentierte ein Senator Geheimakten des FBI zur Person des Negerführers, um ihn moralisch zu disqualifizieren. Auch Ronald Reagan, 40. Präsident der Vereinigten Staaten, meldete vor der Unterzeichnung Bedenken an. King, so der Präsident, habe diese Ehre nicht verdient. Sein legendärer Ruf beruhe mehr auf Mythos als auf Wirklichkeit. Reagan sprach damit nur öffentlich aus, was jene seiner Landsleute dachten, für die Martin Luther King bis heute die meistgehaßte Symbolfigur des schwarzen Widerstands ist.

Die schleppende Verabschiedung der Gesetzesvorlage kann die Bedeutung des neuen Nationalfeiertags nicht schmälern. Neben George Washington, Thomas Jefferson und Abraham Lincoln zählt nun auch der Schwarzamerikaner Martin Luther King zu den Gründungsvätern der Nation, und das bedeutet das Ende der amerikanischen Gepflogenheit, sich als rein weiße Nation zu präsentieren. Vielleicht behält Kings schwarzer Biograph David L. Lewis recht, der ein Jahrzehnt nach Martin Luther Kings Ermordung schrieb: »Amerikas Offene Gesellschaft (im steigenden Maß pluralistisch, tolerant und streitbar) scheint immer noch möglich.« Martin selbst war da weniger optimistisch, aber schließlich hat er auch niemals damit gerechnet, daß ihn die Staaten einmal als Nationalhelden feiern würden.

Zeittafel

1929	15. Januar: Martin Luther King wird in Atlanta, Georgia geboren
1935–1944	King besucht Grundschule und High School und tritt mit 15 Jahren in das Morehouse College ein
1947	King erhält mit 18 Jahren die Berufung zum Hilfsprediger an der Kirche seines Vaters, der Ebenezer Baptist Church
1948–1954	Studium der Theologie und Philosophie in Chester, Pennsylvania und Boston
1953	Eheschließung mit Coretta Scott
1954	17. Mai: Der Oberste Gerichtshof ordnet die Aufhebung der Rassentrennung an den öffentlichen Schulen an
	1. September: Kings Amtsantritt als Pastor der Dexter Avenue Baptist Church in Montgomery, Alabama
1955	King erwirbt den akademischen Doktorgrad
	1. Dezember: Rosa Parks wird in Montgomery wegen Verletzung der Rassengesetze verhaftet
	5. Dezember: Beginn des Busstreiks; King wird zum Präsidenten der Montgomery Improvement Association gewählt
	Kinder des Ehepaars King: Yoki 1955, Marty 1957, Dexter 1962, Bunny 1963
1956	13. November: Der Oberste Gerichtshof erklärt die Segregationsbestimmungen der Verkehrsbetriebe von Montgomery für verfassungswidrig
1957	Gründung der Southern Christian Leadership Conference (SCLC)
	17. Mai: Gebetsmarsch zum Lincoln Memorial, Washington; King fordert das Stimmrecht für die Schwarzamerikaner
	24. September: Schulunruhen in Little Rock, Arcansas
1958	Kings Buch *»Stride Toward Freedom: The Montgomery Story«* erscheint
	20. September: Attentat auf King in Harlem, New York
1959	10. Februar: King ist für vier Wochen Gast der indischen Regierung; er studiert Gandhis Methoden des gewaltlosen Widerstands
1960	King wird zum Zweit-Pastor an der Ebenezer Baptist Church gewählt, Umzug der Familie nach Atlanta
	1. Februar: Sit-ins der Studenten in Greensboro, North Carolina
	19. Oktober: King wird in Atlanta verhaftet und später ins Reidsville State Prison überführt; durch Vermittlung der Kennedys wird King gegen 2000 Dollar Kaution auf freien Fuß gesetzt
1961	Schwarze und weiße Studenten erzwingen die Aufhebung der Rassentrennungsbestimmungen bei den zwischenstaatlichen Verkehrsbetrieben der USA
	Dezember: King ruft in Albany, Georgia, zum Boykott der segregierten öffentlichen Einrichtungen auf

1963	3. April, Beginn der Birmingham-Kampagne; der inhaftierte King schreibt seinen *»Brief aus dem Gefängnis von Birmingham«* Juni: Kings Buch *»Strength to Love«* erscheint 28. August: Marsch auf Washington; King hält vor dem Lincoln Memorial seine Rede »I have a Dream« 22. November: John F. Kennedy wird ermordet
1964	Kings Buch *»Why We Can't Wait«* erscheint 2. Juli: Präsident Johnson unterzeichnet das vom Kongreß verabschiedete Bürgerrechtsgesetz, das alle gegen die Schwarzen errichteten Schranken in Politik, Wirtschaft und Öffentlichkeit für ungesetzlich erklärt Juli/August: Rassenunruhen in Harlem, New Jersey, Illinois und Pennsylvania September: King besucht West- und Ost-Berlin und wird in Rom von Papst Paul VI. empfangen 10. Dezember: Martin Luther King nimmt in Oslo den Friedensnobelpreis entgegen
1965	Januar: Beginn der Desegregationskampagne in Selma, Alabama 21. Februar: Malcolm X wird in Harlem erschossen August: Rassenunruhen in Watts, Los Angeles
1966	16. Mai: King nimmt öffentlich gegen die amerikanische Intervention in Vietnam Stellung Juli: King bezieht eine Slumwohnung in Chicago; Beginn der Anti-Gettokampagne
1967	King schreibt an seinem Buch *»Where Do We Go from Here?«* 4. April: Kings Rede in der Riverside-Church, New York: »Vietnam und der Kampf für die Menschenrechte« Juli: Rassenunruhen und Newark, New Jersey und Detroit November: King ruft zu einem »Marsch der Armen« nach Washington auf
1968	28. März: King führt in Memphis, Tennessee, eine Demonstration zur Unterstützung streikender Müllarbeiter an 3. April: King hält seine letzte Rede: »Ich bin auf dem Gipfel des Berges gewesen« Donnerstag, 4. April: King wird angeschossen und stirbt im St. Josephs Hospital in Memphis

Zitierte deutschsprachige Literatur

King, Coretta Scott: Mein Leben mit Martin Luther King. Gütersloher Verlagshaus Gerd Mohn, Gütersloh 1982

King, Martin Luther: Freiheit. Von der Praxis des gewaltlosen Widerstandes. R. Oncken Verlag, Wuppertal und Kassel 1982

King, Martin Luther: Schöpferischer Widerstand. Reden – Aufsätze – Predigten. Gütersloher Verlagshaus Gerd Mohn, Gütersloh 1980

King, Martin Luther: Testament der Hoffnung. Letzte Reden, Aufsätze und Predigten. Gütersloher Verlagshaus Gerd Mohn, Gütersloh 1983

King, Martin Luther sen.: Die Kraft der Schwachen. Geschichte der Familie King. Deutsche Verlags-Anstalt, Stuttgart 1982

Weitere Literatur

Adams, Willi Paul (Hrsg.): Die Vereinigten Staaten von Amerika. Fischer Weltgeschichte Band 30. Fischer Taschenbuchverlag, Frankfurt/Main 1977

Bishop, James Alonzo: The Days of Martin Luther King Jr.: Putnam, New York 1971

Botkin, B. A.: Lay My Burden Down. A Folk History of Slavery. The University of Chicago Press, Chicago 1945

Garrow, David J.: The FBI and Martin Luther King Jr.: W. W. Norton, New York/London 1981

Glotz, Peter (Hrsg.): Ziviler Ungehorsam im Rechtsstaat. Edition Suhrkamp, Frankfurt/Main 1983

Hetmann, Frederik: Martin Luther King. Dressler Verlag, Hamburg 1979

Jackson, George: In die Herzen ein Feuer. Scherz Verlag, Bern/München/Wien 1972

Kennedy, John F.: The Burden and the Glory. His Public Statements and Addresses. Harper & Row, New York 1964

Kondrasov, Stanislav N.: Martin Luther King. Leben und Kampf eines amerikanischen Negerführers. Deutscher Verlag der Wissenschaften VEB, Berlin 1973

Lewis, David L.: King. A Biography. University of Illinois Press, Urbana 1978

Miller, William R.: Wir werden überwinden. Martin Luther Kings Leben, Martyrium und Vermächtnis. Oncken-Verlag, Kassel 1970

Müller, Jürgen: Die Geschichte des Student Non-Violent Coordinating Committee. Ein Kapitel der Bürgerrechtsbewegung in den Vereinigten Staaten. Metzlersche Verlagsbuchhandlung, Stuttgart 1978

Presler, Gerd: Martin Luther King. Rowohlt Taschenbuchverlag, Reinbek 1984

Puttkammer, Jesco von: Der erste Tag der neuen Welt. Vom Abenteuer der Raumfahrt zur Zukunft im All. Knaur-Verlag, München 1981

Rubin, Jerry: Do it! Scenarios für die Revolution. Trikont-Verlag, München 1977

Shaw, Arnold: Rock'n'Roll. Die Stars, die Musik und die Mythen der 50er Jahre. Rowohlt Taschenbuchverlag, Reinbek 1978

Williams, John A.: The King God Didn't Save. Reflections on the Life and Death of Martin Luther King Jr. Longmans Canada, Toronto 1970

Wofford, Harris: Of Kennedys and Kings. Making Sense of the Sixties. Farrar, Straus, Giroux, New York 1980

Heiner Feldhoff
Paris, Algier
Die Lebensgeschichte des Albert Camus
Gulliver Taschenbuch (78764), 128 Seiten *ab 14*

Bestsellerautor (»Der Fremde«, »Die Pest«), prominentes Mitglied der intellektuellen Elite Frankreichs, Literaturnobelpreisträger. 1960, im Alter von 46 Jahren, Unfalltod. – Albert Camus war geprägt von seiner Kindheit in der Sonne und Armut Algiers. Hier liegen die Wurzeln seines Lebens und seines politisch-moralischen Engagements. Schon als junger Journalist setzte er sich für die kolonial unterdrückten Araber und Berber ein. In Paris dann Widerstand gegen die deutsche Besetzung Frankreichs, nach dem Krieg Protest gegen stalinistischen Terror. Als unbestechlicher Streiter für gerechte und menschenwürdige Lebensbedingungen geriet er zwischen die ideologischen Fronten. Notizen aus seinen Tagebüchern zeigen, welche Krisen und Ängste, welche politischen und privaten Zerwürfnisse der Lungenkranke, der Theaterbesessene, der Fremde im eigenen Land durchzustehen hatte. Sie zeigen aber auch, wie leidenschaftlich Camus »der unerbittlichen Größe dieses Lebens« treu blieb.